julie schwob

BOLLY
COOK

fotos: louis-laurent grandadam

tandem.VERLAG

Die Grundlagen der indischen Küche

Snacks und Imbisse

Die Küche des Nordens

Die Küche der Westküste

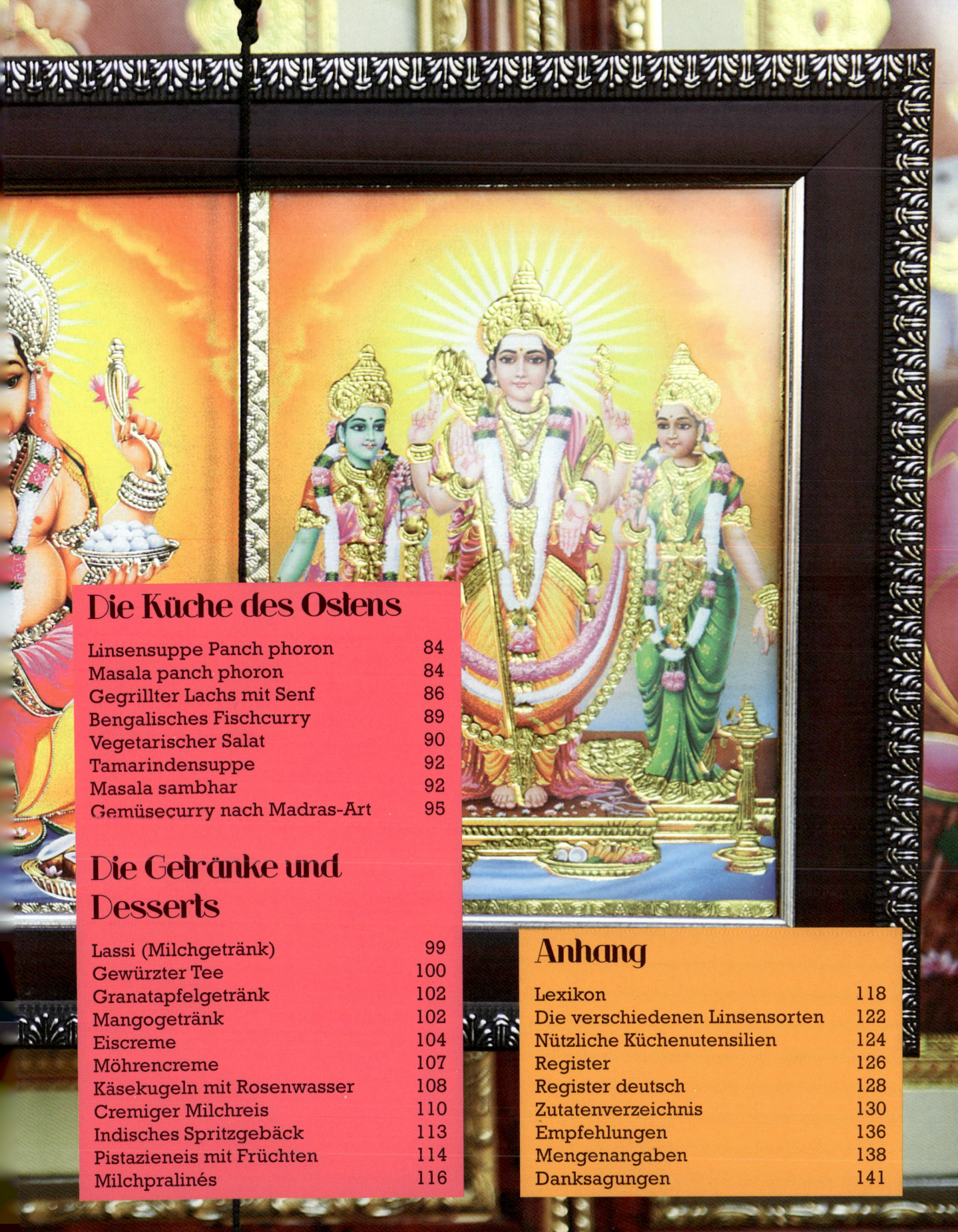

Ich widme dieses Buch
den großen und
den kleinen Rajah!

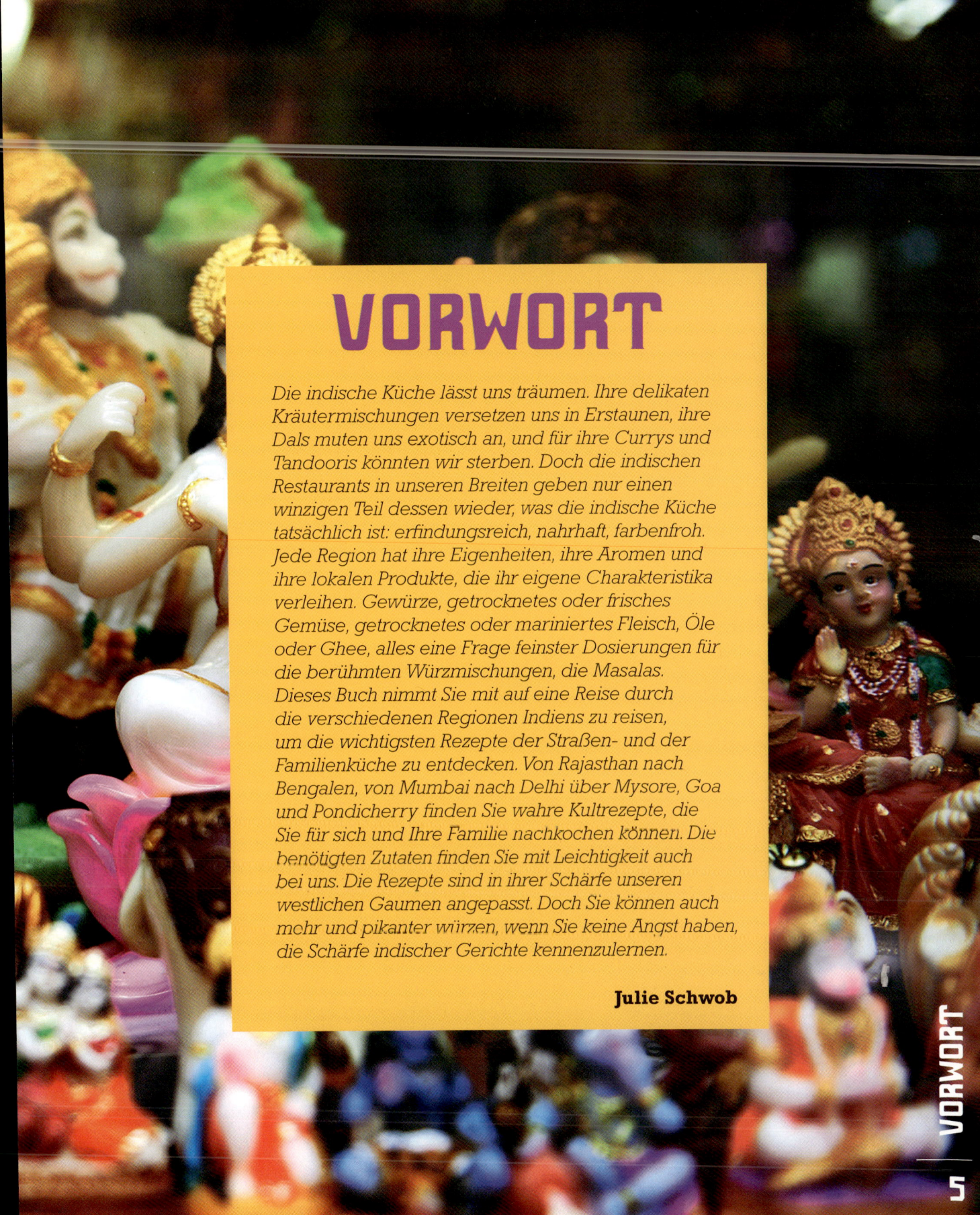

VORWORT

Die indische Küche lässt uns träumen. Ihre delikaten Kräutermischungen versetzen uns in Erstaunen, ihre Dals muten uns exotisch an, und für ihre Currys und Tandooris könnten wir sterben. Doch die indischen Restaurants in unseren Breiten geben nur einen winzigen Teil dessen wieder, was die indische Küche tatsächlich ist: erfindungsreich, nahrhaft, farbenfroh. Jede Region hat ihre Eigenheiten, ihre Aromen und ihre lokalen Produkte, die ihr eigene Charakteristika verleihen. Gewürze, getrocknetes oder frisches Gemüse, getrocknetes oder mariniertes Fleisch, Öle oder Ghee, alles eine Frage feinster Dosierungen für die berühmten Würzmischungen, die Masalas. Dieses Buch nimmt Sie mit auf eine Reise durch die verschiedenen Regionen Indiens zu reisen, um die wichtigsten Rezepte der Straßen- und der Familienküche zu entdecken. Von Rajasthan nach Bengalen, von Mumbai nach Delhi über Mysore, Goa und Pondicherry finden Sie wahre Kultrezepte, die Sie für sich und Ihre Familie nachkochen können. Die benötigten Zutaten finden Sie mit Leichtigkeit auch bei uns. Die Rezepte sind in ihrer Schärfe unseren westlichen Gaumen angepasst. Doch Sie können auch mehr und pikanter würzen, wenn Sie keine Angst haben, die Schärfe indischer Gerichte kennenzulernen.

Julie Schwob

DIE GRUND- LAGEN DER INDISCHEN KÜCHE

Es ist fast unmöglich, die indische Küche wirklich umfassend vorzustellen. Dazu ist sie zu variantenreich, verändert sich ständig und passt sich dem Klima, den verschiedenen Sitten und Regionen des indischen Subkontinents an.

Doch einiges findet man überall. Als Erstes sind es die Gewürze, die die Gerichte salzen oder süßen – und vielleicht ebenso die Getränke. Und ganz sicher auch die Brote, die man oft als Beilage isst.

In diesem Kapitel entdecken Sie die Grundlagen, die Ihre kulinarische Reise durch die verschiedenen Regionen Indiens überhaupt erst ermöglichen.

DIE GEWÜRZE

Jedes indische Gericht setzt sich aus einer Gewürzmischung – Masala – und den Zutaten zusammen, die je nach Region, den lokalen Produkten, den Sitten und Essgewohnheiten variieren.
Neben den einzelnen Handgriffen und Zutaten ist es vor allem das Masala, durch das sich die einzelnen Rezepte unterscheiden. Jede Mischung ist einzigartig: Wichtig sind nicht nur die Gewürze, sondern auch die Dosierungen. Jeder Koch hat seine eigene Mischung, und das macht ihn aus.

Die bekanntesten Masalas sind das Garam masala (eine scharfe Gewürzmischung, die den Körper im rauen Norden erwärmt, siehe unten), das Goda masala (aus Mumbai und Maharashtra, das hervorragend zu Fischgerichten passt), das Masala tandoori (ursprünglich aus Punjab, siehe Seite 38), das Masala panch phoron (vor allem in Bengalen bekannt, siehe Seite 84) sowie das Masala sambhar (das aus dem Süden und der tamilischen Küche stammt, siehe Seite 92).

Für Ihre Gewürzmischung sollten Sie vor allem frische Gewürze verwenden. In einem Mörser (oder einer Kaffeemühle oder einem Mixer) zerkleinern Sie alle Gewürze zu einem feinen Pulver. Die fertigen Gewürzmischungen, die Sie überall kaufen können, sind meist weniger aromatisch als die selbst gemachten. Also, ran an den Mörser! Bewahren Sie Ihr Masala trocken und in einem verschlossenen Glas auf.

Es gibt verschiedene Möglichkeiten, ein Masala in der Küche einzusetzen. Zu Beginn des Kochens vermischt man das Masala mit etwas Öl oder Ghee und verwendet zunächst nur wenig, damit sich Aroma und Geschmack entwickeln können. Während des Kochens kann man noch mehr Masala zugeben, wenn etwas Schärfe fehlt. Ein Masala kann man auch zu kalten Gerichten verwenden, vielleicht auf knackigem Gemüse oder zu einem Joghurt, und so jedes Gericht durch eine würzige Note etwas aufpeppen!

Garam masala:

– 1 TL schwarzer Pfeffer
– 2 TL Kreuzkümmelsamen
– 1 TL Kardamomsamen (ohne Schale)
– 1 TL Gewürznelken
– 3 getrocknete Lorbeerblätter
– 2 cm Zimtstange

Ghee ist in Indien, was Olivenöl in Italien ist: eine unverzichtbare Grundlage fast aller Rezepte und Gerichte. Es wird sowohl für herzhafte als auch für süße Gerichte verwendet, es kommt aufs Brot, in die Linsen, und es ist eine wichtige Zutat für Gebäck und Gebackenes aller Art. Bereits im Jahr 8000 v. Chr. wird Ghee in Schriften zur indischen Küche erwähnt.

Ghee kann aus Kuh-, Büffel-, Schafs- oder Ziegenmilch hergestellt werden. Am häufigsten wird Ghee aus Kuhmilch hergestellt, doch die meisten Inder ziehen Ghee aus Büffelmilch vor. Andere Fette, die in Indien Verwendung finden, sind Sesamöl, Kokosöl, Senföl und Nussöle.

GHee°°°
Geklärte Butter

FÜR 475 G GHEE
ZUBEREITUNGSZEIT: 5 MINUTEN
GARZEIT: 20 MINUTEN

500 g Butter

• Die Butter würfeln und in eine Kasserolle mit dickem Boden geben. Bei schwacher Hitze ohne Rühren zerlassen, bis sich die weißen Eiweiße (Kaseine) an der Oberfläche sammeln. Das Fett darunter ist klar und durchscheinend, das Ghee. Mit einem feinen Sieb die weißen Kaseine vorsichtig und sorgfältig abschöpfen. Die klare Flüssigkeit in ein verschließbares Glas füllen.

GUT ZU WISSEN

Die geklärte Butter ist ohne die Kaseine sehr haltbar und muss nicht kalt gestellt werden. Sie wird nicht ranzig, sondern im Laufe der Zeit immer aromatischer. Sie wird allmählich etwas körniger und dicker, doch keine Sorge! Dies ist ein gutes Zeichen dafür, dass sie noch aromatischer geworden ist.

Paneer ist der einzige indische Frischkäse. Es gab ihn schon im antiken Indien. So wird Paneer *bereits in den alten vedischen Texten erwähnt, die in Sanskrit verfasst wurden und aus dem dritten Jahrtausend v. Chr. stammen.* Paneer *wird in zahlreichen Rezepten verarbeitet, am bekanntesten sind das* Palak paneer, *Spinat mit* Paneer *(siehe Rezept unten) oder das* Mattar paneer, *Erbsen mit* Paneer.

PANEER

Indischer Frischkäse

FÜR ETWA 500 G PANEER
ZUBEREITUNGSZEIT: 10 MINUTEN
GARZEIT: 10 MINUTEN
KÜHLZEIT: 1 STUNDE

1 l frische Milch
1 EL Zitronensaft

- Die Milch in einer Kasserolle mit dickem Boden aufkochen.
- Den Zitronensaft zufügen und vorsichtig rühren: Die Milch beginnt allmählich zu gerinnen.
- Sobald die Milch geronnen ist, nach und nach durch ein feines, mit einem Tuch ausgelegtes Sieb gießen.
- Das Tuch vorsichtig verschließen und nicht ausdrücken, um so viel Molke wie möglich zu erhalten.
- Das gefüllte Tuch auf einen Teller legen und mit einem Gewicht beschweren. Mindestens 1 Stunde kalt stellen. Je länger die Kühlzeit, desto trockener wird der *Paneer*.
- Der *Paneer* hält sich in einem verschließbaren Gefäß mehrere Tage im Kühlschrank.

PALAK PANEER

Spinat mit Paneer

FÜR 4 PERSONEN
ZUBEREITUNGSZEIT: 10 MINUTEN
GARZEIT: 20 MINUTEN

1,5 kg frischer Spinat
1 Zwiebel
2 Knoblauchzehen
1 cm frischer Ingwer
20 ml Pflanzenöl
1 TL Kreuzkümmelpulver
1 TL Korianderpulver
½ TL Kurkumapulver
150 ml Crème fraîche
1 Tomate, fein gewürfelt
Einige Stängel Koriander
Salz
200 g *Paneer*
1 EL Ghee (oder Öl)

- Den Spinat waschen und entstielen.
- Zwiebel und Knoblauch schälen und hacken. Den Ingwer schälen und reiben. Alle drei Zutaten fein mixen oder zerstoßen.
- Das Pflanzenöl in einer Pfanne erhitzen und die Ingwermischung 3 Minuten bei mittlerer Hitze bräunen.
- Gewürze und Crème fraîche zugeben. Den Spinat zufügen und alles gut vermengen. Bei schwacher Hitze ca. 10 Minuten einkochen.
- Die Spinatmischung mit Tomatenwürfeln und Koriander vermischen. Mit Salz abschmecken und warm stellen.
- Den *Paneer* fein würfeln. In einer Pfanne bei mittlerer Hitze in dem Ghee bräunen.
- Die Spinatzubereitung auf einzelne Teller verteilen. Den gebratenen *Paneer* zugeben und sofort servieren.

Chutneys (das englische Wort stammt von dem indischen Begriff Chatni ab) sind süß-salzig-scharf-saure Mischungen aus Früchten oder Gemüse, die als Würze verwendet werden. Sie geben zahlreichen indischen Gerichten ihren Geschmack. Chutneys können aus allen Gemüsesorten (z. B. Kartoffeln, Kichererbsen, Möhren, Erbsen) und auch aus allen Früchten (z. B. Mangos, Guaven, Tomaten) hergestellt werden.

MANGO-CHUTNEY··

FÜR 2 MARMELADENGLÄSER
ZUBEREITUNGSZEIT: 10 MINUTEN
GARZEIT: 30 MINUTEN

500 g grüne Mangos (aus dem
   asiatischen Supermarkt)
2 cm frischer Ingwer
2 Knoblauchzehen
50 g Korinthen oder geschälte
   Mandeln (nach Belieben)
1 Prise Chilipulver
1 TL Kardamompulver
200 ml Weißweinessig
100 ml Wasser
300 g Zucker
4 TL Salz

- Die Mangos schälen, den Stein entfernen und das Fruchtfleisch in feine Würfeln schneiden.
- Den Ingwer schälen und reiben.
- Den Knoblauch schälen und hacken.
- Alle Zutaten für das Chutney in einer Kasserolle verrühren und aufkochen. 30 Minuten bei schwacher Hitze köcheln, dabei regelmäßig rühren.
- Das Chutney abkühlen lassen und in verschließbare Gläser füllen.
- Das Chutney kann einige Wochen aufbewahrt werden. Am besten lässt man es vor der Verwendung einige Tage ziehen, damit sich die Aromen entfalten können.

VARIANTE: TOMATEN-CHUTNEY

Ersetzen Sie die Mangos durch dieselbe Menge Tomaten und das Kardamompulver durch 1 Teelöffel Kreuzkümmelpulver und 1 Teelöffel gemahlene Senfkörner. Sie können diesem Chutney auch Rosinen, Datteln oder getrocknete Pflaumen zugeben.

Eine Raita *wird in Indien oft zu* Thali *(ein Gericht mit verschiedenen Beilagen) serviert. Sie wird auf Joghurt-Basis (am besten eignet sich griechischer Joghurt) hergestellt und traditionell mit Gurken, aber auch mit Tomaten, Spinat oder Minze (meist im Sommer) verrührt. Es gibt auch eine süße Version mit Granatapfelkernen. Eine* Raita *ist sehr erfrischend und wirkt mildernd bei sehr scharfen Gerichten.*

RAITA
Joghurt-Dip

FÜR 6 PERSONEN
ZUBEREITUNGSZEIT: 10 MINUTEN
KEINE GARZEIT

1 Gurke
2 festfleischige Tomaten
1 mittelgroße Zwiebel
1 TL Kreuzkümmelpulver
300 g griechischer Joghurt
Salz, Pfeffer aus der Mühle

- Die Gurke schälen und fein reiben. In einer Salatschleuder oder einem Tuch gründlich trockenschleudern.
- Die Tomaten waschen und fein würfeln.
- Die Zwiebel schälen und sehr fein hacken.
- Alle Zutaten in einer Schüssel mit dem Joghurt verrühren. Salzen und pfeffern. Mit Folie abdecken und kalt stellen.

VARIANTE: RAITA MIT GRANATAPFEL

1 Granatapfel schälen und die Kerne lösen. Die Gurke durch die Frucht ersetzen. Die Tomaten weglassen, aber dafür einige gezupfte Korianderblätter und 1 Esslöffel Zucker oder *Jaggery* (Palmzucker) zugeben.

In Indien dient das Brot als klassische Beilage zu allen Gerichten und zum Dippen für Gemüse, Suppen und Raitas. Traditionell isst man im Norden mehr Brot als im Süden, was jedoch eine Frage des Klimas ist. Im feuchten Süden kann das Brot nämlich nicht allzu lange aufbewahrt werden. *Chapatis* werden aus nicht raffiniertem Mehl (Atta) hergestellt und auf einem *Tawa* (sehr flache Pfanne) auf einer Gasflamme gebacken. *Parathas* werden aus sehr dünnem Teig, der ineinander-gerollt und geschichtet wird (siehe Foto gegenüber), mit Öl gebacken.

CHAPATIS

Brot als Beilage

FÜR 8 CHAPATIS
ZUBEREITUNGSZEIT: 10 MINUTEN
RUHEZEIT: 30 MINUTEN
GARZEIT: 5 MINUTEN

250 g *Atta*-Mehl (Mehl für *Chapatis*)
 + etwas Mehl für die Arbeitsfläche
1 TL Salz
150 ml Wasser

- In einer Schüssel Mehl und Salz vermischen. In der Mitte eine Mulde formen und nach und nach etwas Wasser zugeben und mit den Fingern einarbeiten. Mindestens 10 Minuten kneten (je länger Sie kneten, desto leichter werden die *Chapatis*). Den Teig mit Folie abdecken und ungefähr 30 Minuten ruhen lassen.
- 8 Kugeln aus dem Teig formen. Jede Kugel auf einer bemehlten Arbeitsfläche zu einer dünnen Scheibe (etwa so dünn wie ein Crêpe) mit etwa 10 cm Durchmesser ausrollen.
- Das *Tawa* (oder eine Pfanne) erhitzen. Sobald es zu rauchen beginnt, 1 *Chapati* hineingeben und 1 bis 2 Minuten backen.
- Sobald das Chapati Blasen wirft wenden und weitere 1 bis 2 Minuten von der anderen Seite backen.
- Unter einem sauberen Tuch warmhalten und die restlichen *Chapatis* ebenso backen.

VARIANTE: PARATHAS

- Der Teig für *Parathas* ist derselbe wie der für *Chapatis*.
- Der Unterschied liegt in der Zubereitung der Teigplatten. Jede Teigkugel zu einem sehr dünnen Teig in der Größe einer großen Pizza ausrollen (die Teigplatte sollte fast durchsichtig sein).
- Den Teig mit 1 Teelöffel Pflanzenöl beträufeln.
- Den Teig zusammenrollen und die Rolle schneckenförmig um sich selbst drehen.
- Das *Paratha* in ein *Tawa* geben und 1 bis 2 Minuten von jeder Seite backen. Es sollte Blasen werfen und leicht gebräunt sein.

Naan *wird aus raffiniertem Mehl und Hefe hergestellt. Im Gegensatz zu* Chapatis *und* Parathas *werden* Naans *im Ofen gebacken. Die bekanntesten Rezepte sind Natur-Naan und Käse-Naan. Für Letzteres empfiehlt sich ein milder Schmelzkäse, doch ganz nach Ihrem Geschmack können Sie für dieses Rezept auch pikanteren Käse verwenden.*

NaaNS

FÜR 8 NAANS
ZUBEREITUNGSZEIT: 30 MINUTEN
RUHEZEIT: 1 STUNDE 15 MINUTEN
BACKZEIT: 10 MINUTEN

10 g Hefe
5 EL lauwarmes Wasser
1 kg Mehl
1 gestrichener EL Salz
1 leicht verquirltes Ei
1 Joghurt
3 EL Ghee (oder neutrales Pflanzenöl)
  + etwas mehr zum Beträufeln

- Die Hefe in einer Schale mit dem lauwarmen Wasser verrühren.

- Mehl und Salz in einer Schüssel vermischen. Eine Mulde formen und die verrührte Hefe hineingießen. Ei und Joghurt zugeben. Von innen nach außen einen glatten Teig kneten, dabei nach und nach immer etwas Mehl von den Außenseiten einarbeiten.

- Das Ghee oder Öl zugeben und sorgfältig einkneten. Mindestens 15 Minuten kneten, bis der Teig leicht und elastisch ist. Den Teig mit einem feuchten Tuch abdecken und mindestens 1 Stunde bei Zimmertemperatur gehen lassen, bis er sein Volumen verdoppelt hat.

- Aus dem Teig 8 Kugeln formen. Jede Kugel auf einer bemehlten Arbeitsfläche zu ovalen, etwa 10 cm langen Platten ausrollen. Mit einem feuchten Tuch abdecken und 15 Minuten im Ofen bei 45 °C ruhen lassen. Aus dem Ofen nehmen.

- Den Backofen auf 230 °C vorheizen.

- Die Teigoberflächen mit etwas Ghee beträufeln. Die *Naans* 10 Minuten im Ofen backen, bis sie goldbraun sind und Blasen werfen.

VARiaNTE: Käse-Naan

Das *Naan* aus dem Ofen nehmen und sofort mit etwas Schmelzkäse bestreichen.

snacks und Imbisse

Die Inder lieben ihre herzhaften oder süßen Imbisse, die sie über den Tag verteilt genießen und die sie beim Konditor, beim Bäcker oder auf der Straße kaufen. Die Vielfalt der Snacks ist enorm und reicht von leicht gewürzten frischen Früchten zu aufwendig verziertem Backwerk.

Nicht zu vergessen sind natürlich die zahlreichen klassischen „Sandwiches", wie beispielsweise das Bhelpuri, das man vor allem an den Stränden Mumbais genießt.

Samossas sind der in Europa bekannteste Imbiss Indiens. Der Einfachheit halber werden sie bei uns meist mit Blätter- oder Filoteig gebacken. Doch tatsächlich wird Samossa-Teig aus Mehl und Öl hergestellt und frittiert. In Indien variieren die Techniken des Samossa-Faltens von Region zu Region, ebenso wie die Bezeichnungen. In Gujarat heißen sie *Singhoda* und in Bengalen *Shingara*.

samossas···

Der Teig für samossas

FÜR 250 G TEIG (8 SAMOSSAS)
ZUBEREITUNGSZEIT: 5 MINUTEN
RUHEZEIT: 1 STUNDE

250 g Mehl
1 EL Sonnenblumenöl
2 EL kaltes Wasser

- Mehl, Öl und Wasser in einer Schüssel zu einem glatten Teig verrühren. Den Teig zu einer Kugel formen (etwas Wasser zufügen, wenn der Teig an den Händen klebt). Mit Folie abdecken und 1 Stunde bei Zimmertemperatur ruhen lassen.
- Den Teig sehr dünn ausrollen: Je dünner er ist, desto knuspriger werden die Samossas. In 20 x 7 cm große Rechtecke schneiden und nach Belieben füllen.

samossas mit Gemüse

FÜR 8 SAMOSSAS
ZUBEREITUNGSZEIT: 15 MINUTEN
GARZEIT: 8 BIS 10 MINUTEN

1 EL Sonnenblumenöl (oder Ghee)
1 TL Kurkumapulver
1 TL Currypulver
½ TL Kreuzkümmelsamen
1 Knoblauchzehe, geschält und gehackt
1 cm frischer Ingwer, geschält und gerieben
½ Zwiebel, geschält und gehackt
2 Kartoffeln, gekocht und fein gewürfelt
40 g Erbsen, frisch oder tiefgekühlt
½ Zucchini, gekocht und fein gewürfelt
Salz, Pfeffer aus der Mühle
Einige Korianderblätter
Öl zum Frittieren
250 g Samossa-Teig

- Das Sonnenblumenöl in einer Pfanne erhitzen und Kurkumapulver, Currypulver und Kreuzkümmelsamen 3 Minuten unter Rühren bei mittlerer Hitze rösten.
- Knoblauch und Ingwer zufügen. 1 bis 2 Minuten dünsten, dann Zwiebel, Kartoffeln und Gemüse zugeben. Alles gut verrühren und mit Salz und Pfeffer abschmecken. Den Herd ausschalten und den Koriander unterrühren.
- Das Frittieröl auf 190 °C erhitzen.
- Jeweils ein wenig Füllung auf die rechte Ecke eines Teigblatts legen. Ein geschlossenes Dreieck falten und die Samossas gut verschließen, damit die Füllung nicht austreten kann.
- Die Samossas 8 bis 10 Minuten im heißen Öl frittieren, bis sie goldbraun und knusprig sind.

Das Wort Bonda *bedeutet wörtlich übersetzt „Ball" oder „Ballon", was auch gut zur Form dieses Gebäcks passt. Dieses Gericht ist im Süden Indiens, in Mysore, fast schon traditionell. Sowohl die Straßenküchen als auch die großen Restaurants bieten* Bonda *an. Man genießt sie mit einem* Chutney *(siehe Rezept Seite 14) oder mit* Rasam *(siehe Rezept Seite 92).*

BONDa
Kroketten mit Kartoffeln und Chili

FÜR 8 KROKETTEN
ZUBEREITUNGSZEIT: 20 MINUTEN
GARZEIT: 8 BIS 10 MINUTEN

250 g rote Linsen, bissfest gegart
250 g Kartoffeln, gekocht und gepellt
1 rote Chili, entkernt
50 g frische Kokosmuss, in Streifen
  geschnitten (oder getrocknet und
  gerieben)
1 TL Backpulver
Salz
1 Ei
½ TL Kurkumapulver
2 EL Sonnenblumenöl
75 g Kichererbsenmehl (*Besan*-Mehl)
Öl zum Frittieren

- Linsen, Kartoffeln, Chili, Kokosnuss, Backpulver und 1 große Prise Salz in einen Mixer geben und grob pürieren. Wenn die Masse zu trocken wird, etwas Wasser zugeben.
- Aus der Masse 8 Kugeln formen.
- Das Ei in einer Schale verquirlen. Kurkuma, Salz, Sonnenblumenöl und Kichererbsenmehl zugeben und zu einem glatten Teig verarbeiten.
- Das Frittieröl auf 190 °C erhitzen.
- 1 Linsen-Kartoffel-Kugel in dem Eierteig wenden und vorsichtig in das Frittieröl legen. (Vorsicht: Es spritzt!) Dasselbe mit 1 oder 2 weiteren Kugeln wiederholen. 8 bis 10 Minuten frittieren.
- Die Kroketten vorsichtig aus dem Öl heben und auf Küchenpapier abtropfen lassen. Für alle weiteren Kroketten ebenso verfahren. Sofort servieren.

Vada ist ein Gebäck, das wie ein Donut geformt ist. Es wird aus pürierten Linsen, Zwiebeln und Chili oder Paprika hergestellt.

Vada°°°
Linsengebäck

FÜR 4 BIS 6 TEILCHEN
EINWEICHZEIT: 1 NACHT
ZUBEREITUNGSZEIT: 20 MINUTEN
GARZEIT: 5 MINUTEN

300 g Linsen *(Mong dal)*
1 TL Kreuzkümmelsamen
1 Sternanis
½ grüne Chili, entkernt
½ weiße Zwiebel
2 Zweige Koriander
Salz
Öl zum Frittieren

- Am Vortag die Linsen mit Kreuzkümmelsamen und Sternanis in eine Schüssel mit kaltem Wasser geben und mindestens 1 Nacht gründlich einweichen lassen.

- Am nächsten Tag Chili und Zwiebel hacken. Die Korianderblätter entstielen und zupfen.

- Den Sternanis aus den Linsen entfernen. Die Linsen abgießen und im Mixer fein pürieren. Chili, Zwiebel und Salz zugeben. Falls die Masse zu trocken ist, etwas Wasser unterrühren.

- Aus dem Teig kleine Kugeln formen und in die Mitte ein Loch hineindrücken, um ihnen die Form eines Donuts zu geben.

- Das Öl auf 180 °C vorheizen.

- Die Donuts hineingeben und etwa 5 Minuten frittieren, bis sie goldbraun sind.

- Die *Vadas* mit einem Chutney servieren.

Badja ist frittiertes Gemüse, das meist als Imbiss oder Snack serviert wird, aber auch als Beilage zu einem Thali. *Warm und knusprig schmecken sie auch ausgezeichnet, wenn sie in ein Chutney (siehe Rezept Seite 14) oder in Raita (siehe Rezept Seite 16) getunkt werden.*

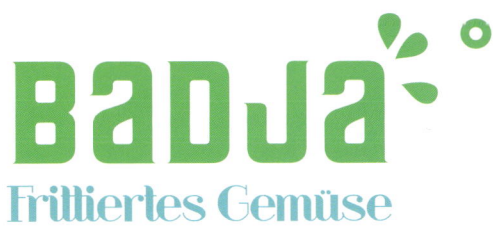

BaDJa
Frittiertes Gemüse

FÜR 4 PERSONEN
ZUBEREITUNGSZEIT: 20 MINUTEN
GARZEIT: 6 BIS 8 MINUTEN

1 große Zwiebel, in Scheiben
1 Tomate, in Scheiben geschnitten geschnitten
½ Aubergine, in Scheiben geschnitten
2 EL grobes Meersalz
2 Knoblauchzehen, gehackt
2 TL Currypulver
1 TL Kurkumapulver
Einige Korianderblätter
100 g Kichererbsenmehl
   (oder Weizenmehl)
100 ml Wasser
Öl zum Frittieren

- Die Zwiebel-, Tomaten- und Auberginenscheiben in ein Sieb geben und mit dem groben Meersalz bestreuen. Das Gemüse soll so viel Wasser wie möglich abgeben.

- In einer Schüssel Knoblauch, Kurkuma- und Currypulver vermischen. Die Korianderblätter fein hacken und mit dem Mehl zugeben. Nach und nach das Wasser zugießen und alles gut vermischen: der entstehende Teig sollte nicht zu flüssig, aber auch nicht zu dick sein (falls nötig, etwas Wasser zugeben).

- Das Frittieröl auf 190 °C erhitzen.

- Die Gemüsescheiben in dem Teig wenden und vorsichtig in das Öl geben. 6 bis 8 Minuten frittieren, bis sie goldbraun sind. Aus dem Öl heben und auf Küchenpapier abtropfen lassen.

- Die *Badja* heiß mit einer Tamarinden- oder Koriandersauce servieren.

Dosa werden traditionell aus Linsen und Reis hergestellt. Natürlich gibt es auch Backmischungen, die einfach nur mit Wasser angerührt werden. Doch versuchen Sie es ruhig einmal mit diesem Originalrezept. Dosa isst man entweder natur – ein dünner Teig wird sehr knusprig – oder wie ein Pfannkuchen etwas dicker gebacken und mit einem Kartoffel-Curry oder einem Gemüse-Masala gefüllt.

Dosa

Crêpes aus Linsen und Reis

FÜR 4 CRÊPES
EINWEICHZEIT: 1 NACHT
ZUBEREITUNGSZEIT: 10 MINUTEN
RUHEZEIT: 6 STUNDEN
GARZEIT: 5 MINUTEN

90 g Linsen *(Urad dal)*
200 g Reis
½ TL Salz
½ TL Bockshornkleesamen
4 EL Sonnenblumenöl

- Die Linsen in eine Schüssel geben und mit kaltem Wasser bedecken. 1 Nacht einweichen. Den Reis in einer anderen Schüssel mit kaltem Wasser bedecken und ebenfalls 1 Nacht einweichen.

- Am nächsten Tag Reis und Linsen abgießen. Beides fein pürieren und in einer Schüssel vermischen. Etwas Wasser zufügen, bis der Teig die Konsistenz eines Crêpe-Teigs hat. Die Schüssel mit einem Tuch abdecken und im Backofen bei 35 °C ungefähr 6 Stunden ziehen lassen: Der Teig beginnt zu fermentieren und wirft Blasen.

- Salz, Bockshornkleesamen und Sonnenblumenöl zugeben und gut unterrühren.

- 1 Kelle des Teigs in eine Pfanne oder ein *Tawa* geben und 5 Minuten wie eine Crêpe braten. Mit dem restlichen Teig ebenso verfahren.

Puffreis wird, ob süß oder salzig, häufig für indische Snacks verwendet. Sehr beliebt ist das folgende Gericht: Bhel. *Im Westen Indiens ist Puffreis auch Bestandteil eines* Saptapadi *genannten Rituals während der Hochzeitszeremonie: Die Brautleute werfen einige Handvoll Puffreis in ein heiliges Feuer, sozusagen als Opfergabe für eine glückliche Zukunft.*

BHEL
Gewürzter Puffreis

FÜR 4 BIS 6 PERSONEN
ZUBEREITUNGSZEIT: 10 MINUTEN
GARZEIT: 20 MINUTEN

6 Curryblätter
1 TL schwarze Senfkörner
1 TL Kurkumapulver
1 TL Korianderpulver
1 TL Kreuzkümmelpulver
2 EL Sonnenblumenöl
50 g Erdnüsse, geröstet und gesalzen
50 g Cashewnüsse, geröstet
50 g Kokosnuss, gerieben
600 g Puffreis
300 g Kartoffeln, gekocht, gepellt und
   gewürfelt
1 Zwiebel, fein gehackt
1 TL Salz
1 TL Zucker
4 EL grüne Mango, geschält und
   gewürfelt
50 ml Tamarindenpaste
100 ml Mango-Chutney

- Curryblätter, Senfkörner und die anderen Gewürze in einer Pfanne etwa 4 bis 5 Minuten unter Rühren bei mittlerer Hitze rösten. Sonnenblumenöl, Erdnüsse, Cashewnüsse und Kokosnuss zufügen. Weitere 5 Minuten braten. Puffreis, Kartoffeln, Zwiebel, Salz und Zucker zugeben und einige Minuten weiterbraten.

- Tamarindenpaste, Chutney und Mangowürfel zufügen und 5 Minuten unter Rühren erhitzen. Abkühlen lassen.

- Die Zubereitung in ein verschließbares Glas füllen und trocken aufbewahren.

VARIANTE: BHELPURI

Dieses Sandwich ist vor allem in Mumbai bekannt und wird am Strand von Chowpatty verkauft. Es handelt sich um frittiertes Brot, gefüllt mit Kartoffeln und Zwiebeln, getunkt in ein Minz-Chutney und bedeckt mit einer Mischung aus gesalzenem Bhel.

DIE KÜCHE DES NORDENS

Es ist vor allem die herzhafte Küche des Nordens, des Punjab, der die indische Küche dank ihrer wunderbaren Tandoori-Rezepte weltweit ihre Berühmtheit verdankt. Alle Tandoori-Gerichte werden in speziellen Lehmöfen in glühend heißer Kohle gegart. Eingelegtes Fleisch oder marinierter Fisch wird auf Spießen in den Tandoori-Ofen geschoben und bei starker Hitze gegrillt.
Doch in Rajasthan gibt es eine weitere kreative und schmackhafte Küche: Die Getreide- und Gemüsesorten, die auf den fruchtbaren Böden rund um Jaisalmer und Jodhpur gedeihen, sind dafur die wichtigsten Zutaten.

Die im Handel erhältlichen Tandoori-Mischungen haben eine tiefrote Farbe, die sie zugesetzter Lebensmittelfarbe verdanken. Diese Tandoori-Mischung hingegen wird aus Kräutern und Gewürzen hergestellt, die das Tandoori gelb bis braun einfärben. Für ein rotes Tandoori finden Sie in allen indischen Supermärkten rote Lebensmittelfarbe in Pulverform. Dieses Masala tandoori passt zu allen Fleischsorten, aber auch zu Krabben, Garnelen, Langusten und Hummer.

MURGH TANDOORI

Hühnchen Tandoori

FÜR 4 PERSONEN
MARINIERZEIT: 30 MINUTEN
ZUBEREITUNGSZEIT: 15 MINUTEN
GARZEIT: 30 MINUTEN

1 Hühnchen, zerteilt
100 ml Sonnenblumenöl
1 weiße Zwiebel, in dünne Ringe
   geschnitten
1 Zitrone, in Scheiben geschnitten

Für die Marinade:
1 griechischer Joghurt
2 Knoblauchzehen, geschält und fein
   gehackt
2 cm frischer Ingwer, geschält und
   gehackt
3 TL *Masala tandoori* (siehe unten)
1 TL Kurkumapulver

- Alle Zutaten für die Marinade in einem tiefen Teller verrühren. Die Hühnerteile in die Marinade geben und von allen Seiten mit der Sauce bedecken. Mindestens 30 Minuten marinieren.

- Den Backofen auf 210 °C vorheizen.

- Das Öl in eine Auflaufform gießen. Die Hühnerteile mit der Marinade zugeben. 30 Minuten im Ofen braten.

- Am Ende der Kochzeit die Auflaufform unter den Grill des Backofens legen und bei starker Hitze grillen, bis die Marinade vollständig getrocknet ist.

- Das Huhn mit Zwiebelringen und Zitronenscheiben garnieren und servieren.

Masala tandoori:

– 2 TL Kreuzkümmelsamen
– 2 TL Koriandersamen
– ½ TL Zimtpulver
– 5 Gewürznelken
– 1 TL Ingwerpulver
– 1 TL Kurkumapulver
– 1 Macisblüte, fein gehackt (im indischen Supermarkt oder über das Internet)
– 1 TL Salz
– 1 Prise rote Lebensmittelfarbe (nach Belieben)

Für dieses Rezept benötigt man mehrere Arbeitsschritte und eine sehr lange Kochzeit. Doch die Mühe lohnt sich. Es schmeckt köstlich!

MURGH MASALA

Hühnchen gefüllt mit Kardamomreis

FÜR 6 PERSONEN
ZUBEREITUNGSZEIT: 45 MINUTEN
GARZEIT: 1 STUNDE 30 MINUTEN

1 küchenfertiges Huhn

Für die Marinade
300 ml griechischer Joghurt
2 kleine frische grüne Chilis
6 Knoblauchzehen, geschält und
  gehackt
5 cm frischer Ingwer, geschält und fein
  gehackt
1 EL *Garam masala* (siehe Seite 9)
4 EL Öl

Für die Füllung
4 getrocknete Lorbeerblätter
6 grüne Kardamomkapseln
8 Gewürznelken
1 TL schwarzer Pfeffer
200 g Basmatireis, gekocht (wie Pilaf
  mit Ghee)
1 Ei

Für die Sauce
2 EL Ghee
2 Zwiebeln, geschält und gehackt
3 Knoblauchzehen, geschält und
  gehackt
5 cm frischer Ingwer, geschält und
  gerieben
400 ml passierte Tomaten
1 TL Zucker
2 EL Korianderblätter, gezupft

- Alle Zutaten für die Marinade zu einer feinen Paste verrühren. Etwas Wasser unterrühren, wenn die Konsistenz zu fest ist.
- Mithilfe eines spitzen Messers die Hühnerhaut regelmäßig einstechen, dann das Huhn mit der Marinade bestreichen und kalt stellen.
- Den Backofen auf 190 °C vorheizen.
- Zubereitung der Füllung: Lorbeerblätter, Kardamomkapseln, Gewürznelken und Pfeffer zerstoßen. Den Reis in einer Schüssel mit dem Ei und der Gewürzmischung vermengen. Die Füllung im Inneren des Huhns verteilen und die Öffnung mit Kochfaden und Nadel verschließen. Das Huhn fest in Alufolie einwickeln.
- In einer Schale alle Zutaten für das *Masala* vermischen (siehe unten).
- Zubereitung der Sauce: Das Ghee in einer Kasserolle zerlassen und die Zwiebeln zugeben. Etwa 10 Minuten bei schwacher Hitze weich dünsten. Das *Masala* unterrühren und etwa 30 Sekunden mitbraten. Knoblauch und Ingwer zugeben und alles gut vermischen. Die passierten Tomaten, Zucker und Koriander zufügen und 5 Minuten leise köcheln.
- Das Huhn ungefähr 20 Minuten im Ofen braten. Dann die Alufolie abnehmen und das Huhn mit der Sauce übergießen.
- Für weitere 20 Minuten in den Ofen geben und anschließend wieder mit der Sauce übergießen. Diesen Vorgang noch 2- oder 3-mal bis zum Ende der Kochzeit (ca. 1 Stunde 30 Minuten) wiederholen.
- Das gefüllte Huhn mit Reis oder gegrilltem Gemüse servieren.

Masala:

– ½ TL Cayennepfeffer
– 2 TL Korianderpulver
– 2 TL Kreuzkümmelsamen
– ½ TL Kurkumapulver

Das Wort Korma *steht für verschiedene Zubereitungsarten, die von Pakistan bis zum Süden Indiens stark variieren. Grundsätzlich aber impliziert* Korma *auch eine gewisse Milde im Geschmack, im Gegensatz zu allen anderen eher scharfen Gerichten. Daher ist ein* Korma *auch für die eher empfindlichen Gaumen sehr zu empfehlen.*
Doch trotz aller Unterschiede haben alle Kormas *eines gemeinsam: Sie werden bei schwacher Hitze gegart. Um die Saucen abzumildern, verwendet man im Norden Milch, Joghurt oder Crème fraîche, während im Süden die Gerichte als* Korma *bezeichnet werden, denen Kokosmilch zugefügt wird. Dieses Gericht kann man ebenso mit Lamm, mit Fisch oder mit Eiern zubereiten.*

MURGH KORMA
Hühnchen Korma

FÜR 4 PERSONEN
MARINIERZEIT: 2 STUNDEN
ZUBEREITUNGSZEIT: 20 MINUTEN
GARZEIT: 35 MINUTEN

4 Hühnerkeulen
2 griechische Joghurts
2 Knoblauchzehen
1 TL Paprikapulver
1 cm frischer Ingwer, geschält und
   gerieben
1 Prise Salz
2 EL Sonnenblumenöl
1 weiße Zwiebel, geschält und gehackt
2 TL Korianderpulver
1 TL Kurkumapulver
1 Prise Cayennepfeffer
1 TL Kreuzkümmelpulver
2 Kardamomkapseln
1 Lorbeerblatt
1 Handvoll Cashewnüsse
1 EL Koriander, gezupft

- Den Joghurt in einer Schüssel mit einer gehackten Knoblauchzehe, Paprikapulver, Ingwer und Salz verrühren. Die Hühnerkeulen in dieser Mischung wenden und mindestens 2 Stunden im Kühlschrank marinieren.

- In einem Schmortopf das Öl erhitzen und die zweite Knoblauchzehe mit der Zwiebel 4 bis 5 Minuten bei mittlerer Hitze dünsten. Die restlichen Gewürze zufügen und alles gut vermischen.

- Die Hühnerkeulen mit der Marinade in den Topf geben. 1 Glas Wasser und das Lorbeerblatt zufügen. Den Deckel auflegen und 30 Minuten bei schwacher Hitze kochen (falls nötig, etwas Wasser zugeben).

- Die Cashewnüsse unterrühren und weitere 5 Minuten kochen.

- Das Huhn mit dem gezupften Koriander bestreuen und sofort mit Reis servieren.

Tikka ist Hindi und bedeutet „Stückchen'', wie die marinierten und anschließend am Spieß gegrillten Hühnerstückchen in diesem Rezept. Man sollte es nicht verwechseln mit Hühnchen Tikka masala, das wie ein Curry serviert wird.

MURGH TIKKA

Hühnchen Tikka

FÜR 4 PERSONEN
MARINIERZEIT: 1 STUNDE
ZUBEREITUNGSZEIT: 20 MINUTEN
GARZEIT: 15 MINUTEN

4 Hühnerbrustfilets
1 Knoblauchzehe
1 cm frischer Ingwer
2 Gewürznelken
1 griechischer Joghurt
1 EL Zitronensaft
1 EL *Masala tandoori* (siehe Seite 38)
1 TL Kreuzkümmelpulver
1 TL Korianderpulver
1 rote Zwiebel
4 Tomaten

4 Spieße

- Die Hühnerbrustfilets in große Würfel schneiden.
- Knoblauch und Ingwer schälen und hacken. Die Gewürznelken zerstoßen.
- Den Joghurt in einer Schüssel mit Zitronensaft, Knoblauch, Ingwer, Gewürznelken und den anderen Gewürzen vermischen. Die Fleischwürfel untermengen und ungefähr 1 Stunde marinieren.
- Den Backofen auf 210 °C vorheizen oder den Grill vorglühen.
- Die Fleischwürfel aus der Marinade heben und auf 4 Spieße stecken.
- Die Spieße etwa 15 Minuten von allen Seiten braten oder grillen, dabei regelmäßig mit der Marinade bestreichen.
- Die Zwiebel schälen und in dünne Ringe schneiden. Die Tomaten in Scheiben schneiden.
- Die Spieße mit Zwiebelringen und Tomatenscheiben garnieren und mit Reis servieren.

Aloo gohbi ist ein typisches Gericht aus der nahrhaften Küche des Punjab. Häufig dient es als Beilage für Fleischgerichte aus dem Tandoori-Ofen. Sie können dieses Gericht auch mit grünem oder violettem Blumenkohl zubereiten, den Sie in indischen Supermärkten finden können. Es schmeckt dann noch interessanter!

ALOO GOHBI

Kartoffel-Blumenkohl-Curry

FÜR 4 PERSONEN
ZUBEREITUNGSZEIT: 20 MINUTEN
GARZEIT: 40 MINUTEN

4 Kartoffeln

Salz

2 TL Kurkumapulver

½ Blumenkohl

3 Tomaten

2 EL Ghee (oder Sonnenblumenöl)

2 TL Kreuzkümmelsamen

2 TL Korianderpulver

1 TL Ingwerpulver

2 Knoblauchzehen, geschält und
   gehackt

1 grüne Chili, gehackt

1 TL *Garam masala* (siehe Seite 9)

- Die Kartoffeln schälen, waschen und in Würfel schneiden.

- In einem großen Topf Salzwasser mit ½ TL Kurkumapulver aufkochen, die Kartoffeln zugeben und 10 bis 15 Minuten weich kochen.

- In der Zwischenzeit den Blumenkohl waschen und in kleine Röschen teilen. In einem großen Topf mit kochendem Salzwasser 10 Minuten garen.

- Kartoffeln und Blumenkohl abgießen und beiseitestellen.

- Die Tomaten blanchieren, pellen und grob hacken.

- In einer Pfanne das Ghee mit Kreuzkümmel, Koriander, Ingwer und dem restlichen Kurkumapulver zerlassen und alles gut vermischen. Knoblauch, Tomaten und Chili zugeben und verrühren. Die Mischung bei schwacher Hitze etwas eindicken lassen.

- Blumenkohl und Kartoffeln unterrühren, dann das *Garam masala* zugeben. Alles gut verrühren und noch einmal erhitzen. Mit Salz abschmecken und sofort servieren.

Das Wort Bharta *(oder* Bhurta*) bedeutet wörtlich übersetzt „Püree". Dieses Rezept wird mit Auberginen zubereitet, die zuvor im Backofen oder im Tandoori gegrillt wurden. Dies vereinfacht das Entfernen der Schale und gibt dem Gemüse eine geräucherte Note, die vor allem im Punjab beliebt ist.* Baigan bharta *wird traditionell als Beilage zu gegrilltem Fleisch serviert.*

BAIGAN BHARTA
Püree aus gegrillten Auberginen

FÜR 4 PERSONEN
ZUBEREITUNGSZEIT: 10 MINUTEN
GARZEIT: 40 MINUTEN

4 große Auberginen
2 EL Sonnenblumenöl
1 grüne Chili, fein gehackt
1 TL Cayennepfeffer
1 griechischer Joghurt
Salz
1 EL Koriander, gezupft (nach Belieben)

- Den Backofen auf 180 °C vorheizen.
- Die Auberginen der Länge nach halbieren und auf ein Backblech legen. Fruchtfleisch und Schale einige Male einschneiden, damit die Hitze besser durchziehen kann. Für etwa 30 Minuten in den Ofen schieben.
- Den Grill anschalten und die Auberginen 5 Minuten grillen, bis sie gut gebräunt sind.
- Die Auberginen aus dem Ofen nehmen. Das Fruchtfleisch mit einem Löffel aus der Schale kratzen und mit einer Gabel zerdrücken.
- Das Sonnenblumenöl in einer Pfanne erhitzen und die gehackte Chili 4 bis 5 Minuten bei mittlerer Hitze darin dünsten. Die zerdrückten Auberginen und den Cayennepfeffer zugeben und alles gut verrühren.
- Vom Herd nehmen und den Joghurt unterrühren. Mit Salz abschmecken, eventuell mit Koriander bestreuen und servieren.

Rogan josh ist das typische Gericht aus Kaschmir, einem Bundesstaat im Norden Indiens an der Grenze zu Pakistan.

ROGAN JOSH

Lamm nach Kaschmir-Art

FÜR 4 PERSONEN
ZUBEREITUNGSZEIT: 20 MINUTEN
GARZEIT: 1 STUNDE 30 MINUTEN

2 Knoblauchzehen
2 kleine weiße Zwiebeln
1 cm frischer Ingwer
400 g Tomaten
2 EL Ghee (oder Sonnenblumenöl)
1 TL Kurkumapulver
3 TL *Garam masala* (siehe Seite 9)
1 TL Korianderpulver
1 TL Kreuzkümmelpulver
600 g Lammfleisch (Schulter oder
   Keule), in Würfel geschnitten
Salz
½ griechischer Joghurt
1 EL Koriander, gezupft

- Die Knoblauchzehen schälen und pressen. Die Zwiebeln schälen und grob hacken. Den Ingwer schälen und reiben.
- Die Tomaten blanchieren, pellen und fein würfeln.
- Das Ghee (oder Öl) in einem Schmortopf zerlassen und die Zwiebeln 5 Minuten bei mittlerer Hitze dünsten. Knoblauch und Ingwer zufügen und 3 Minuten dünsten. Die Gewürze zugeben und alles gut vermischen.
- Tomaten und Fleisch in den Topf geben, salzen und sorgfältig verrühren. 5 Minuten bei schwacher Hitze kochen.
- Den Joghurt zugeben und aufkochen. Den Deckel auflegen und bei sehr schwacher Hitze 1 Stunde 30 Minuten garen, dabei von Zeit zu Zeit rühren: Die Sauce muss braun werden und eindicken.
- Das Fleisch mit dem gezupften Koriander bestreuen und warm mit Chapati, Naan oder Reis servieren.

Ladoo ist zweifellos eines der bekanntesten Desserts in Indien. Das Grundrezept wird aus Kichererbsenmehl und Rosinen hergestellt, doch alle Variationen sind möglich (beispielsweise mit gehackten Nüssen, Mandeln, Kürbissamen oder gemahlener Kokosnuss), nur die Form bleibt dieselbe. Zunächst stellt man Kügelchen aus frittiertem Kichererbsenmehl her, die dann mit den Händen zu Bällen geformt werden. Doch Achtung: Die Zubereitung ist nicht ganz einfach!

LADOO

Kugeln aus Kichererbsen

FÜR 8 KUGELN
ZUBEREITUNGSZEIT: 50 MINUTEN
GARZEIT: 30 MINUTEN

Für den Sirup
200 g Zucker
150 ml Wasser
1 Prise Kardamompulver
3 oder 4 Safranfäden

Für den Teig
200 g Kichererbsenmehl (*Besan*)
1 EL Ghee
100 bis 150 ml Wasser
Öl zum Frittieren
30 g eingeweichte Rosinen

- Zubereitung des Sirups: In einer Kasserolle Zucker und Wasser verrühren. Kardamompulver und Safranfäden zugeben. Bei schwacher Hitze ungefähr 15 Minuten köcheln, bis der Sirup zwischen den Fingern klebt.

- Zubereitung des Teigs: In einer Schüssel Mehl und Ghee verkneten, dabei nach und nach das Wasser zugießen: Der Teig muss dick, aber flüssig sein (wenn Sie etwas Teig auf einen Schaumlöffel geben und schütteln, muss er in Tropfen hinabfallen).

- Das Frittieröl auf 180 °C vorheizen (das Öl ist heiß genug, wenn der Teig sofort zu braten beginnt).

- Nehmen Sie zwei Schaumlöffel. Etwas Teig auf einen Schaumlöffel geben und diesen über das heiße Öl halten: Der Teig tropft durch den Schaumlöffel, fällt ins Öl und formt sich zu Kügelchen. Mit dem zweiten Schaumlöffel die Kügelchen aus dem Öl heben und auf einen Teller legen. Auf diese Weise den ganzen Teig verarbeiten.

- Die Kügelchen abkühlen lassen und mit Rosinen und Sirup vermischen. Aus der Mischung mit den Händen golfballgroße Kugeln formen (die *Ladoo* werden durch den Zuckersirup härter, sobald er kristallisiert). Sie können diese Küchlein ungefähr eine Woche aufbewahren.

DIE KÜCHE DER WESTKÜSTE

MUMBAI, GOA UND KERALA

Die Region um Maharashtra mit der Hauptstadt Mumbai (früher Bombay) erfreut sich eines tropischen und grünen Klimas, das zahlreiche kulturelle Möglichkeiten bietet, die sich auch in den Rezepten wiederfinden. Aber es ist sicherlich die Filmindustrie, die Mumbai in der ganzen Welt unter dem Namen Bollywood bekannt gemacht hat. Tauchen Sie ein in die Filme von Shah Rukh Khan (der unangefochtene Star Indiens) und entdecken Sie die besten indischen Produktionen.

Etwas weiter im Süden liegt Goa. Hier gingen die Portugiesen an Land, um den Gewürzhandel zu kontrollieren; die regionale Küche ist denn auch eine gekonnte Mischung all dieser Einflüsse.

Der schmale Landstrich im äußersten Südwesten des Landes heißt Kerala und ist eine der schönsten Regionen Indiens. In dem Flechtwerk von Flüssen, den Backwaters, gedeihen Reis und Kokospalmen. Das Hinterland dagegen ist ein Paradies von Tee- und Gewürzplantagen, darunter vor allem Paprika.

Das Punari dal *wird mit* Goda masala *gewürzt, einer für Maharashtra typischen Gewürzmischung auf der Grundlage von Zimt und Kardamom. Sie enthält aber auch geriebene Kokosnuss, die ihr eine köstliche Milde verleiht.*

PUNARI DAL

Linsen mit Kokosnuss

FÜR 4 PERSONEN
EINWEICHZEIT: 1 NACHT
ZUBEREITUNGSZEIT: 30 MINUTEN
GARZEIT: 40 MINUTEN

200 g gelbe Linsen *(Toor dal)*
1 EL *Goda masala* (siehe unten)
1 TL Kurkumapulver
2 TL *Jaggery* (Palmzucker) oder Rohrzucker
80 g geriebene Kokosnuss
Salz
1 EL Maisöl
12 Curryblätter
1 TL Cayennepfeffer
1 TL Senfkörner
1 TL Kreuzkümmelsamen
2 EL Korianderblätter, gezupft

- Am Vortag die Linsen in einer Schüssel mit kaltem Wasser einweichen, bis sie schön weich sind.

- Am nächsten Tag die Linsen abgießen und in einem großen Topf mit dem doppelten Volumen an Wasser ungefähr 30 Minuten kochen.

- Die Linsen abgießen. *Goda masala*, Kurkuma, Zucker, Kokosnuss und 1 Prise Salz zufügen. Bei schwacher Hitze 2 Minuten köcheln, dann vom Herd nehmen.

- Das Maisöl in einer Pfanne erwärmen und die Curryblätter sowie die restlichen Gewürze bei schwacher Hitze 3 bis 4 Minuten darin rösten. Die Linsen zugeben.

- Die Mischung mixen oder fein pürieren und mit Koriander bestreuen. Mit Reis und einem Gemüsecurry servieren.

Goda masala:

– 50 g geriebene Kokosnuss
– 10 schwarze Pfefferkörner
– 5 grüne Kardamomkapseln
– 1 cm Zimtstange
– 2 Lorbeerblätter
– 1 EL Sesamsamen
– 2 EL Mohnsamen, weiß oder schwarz
– 1 EL Sonnenblumenöl

Das Wort Dhansak *ist eine Zusammensetzung aus* Dhan *– gehaltvoll – und* Sak *– Gemüse. Diese Gemüsemischung wird mit Hühnchenfleisch angereichert und traditionell sonntags bei den parsischen Familien mit Reis serviert.*

DHANSAK
Hühnchen mit Linsen und Gemüse

FÜR 4 PERSONEN
EINWEICHZEIT: 1 NACHT
ZUBEREITUNGSZEIT: 30 MINUTEN
GARZEIT: 1 STUNDE 20 MINUTEN

25 g grüne Linsen *(Dal)*

25 g rote Linsen *(Masoor)*

50 g gelbe Linsen *(Toor dal)*

3 EL Ghee

400 g Hühnchenbrustfilet, in Würfel geschnitten

2 Knoblauchzehen, geschält und gehackt

4 kleine Zwiebeln, geschält und gehackt

200 g geschälte Tomaten aus der Dose

1 grüne Chili, gehackt

25 g schwarze Kichererbsen *(Chana)*

2 rote Paprika, in Streifen geschnitten

1 Aubergine, in Würfel geschnitten

1 Zucchini, in Scheiben geschnitten

100 g frischer Spinat

1 EL *Jaggery* (Palmzucker) oder Rohrzucker

2 EL Koriander, gezupft

Saft von 1 grünen Zitrone

- Am Vortag alle Linsen in kaltem Wasser einweichen.

- Am nächsten Tag die Linsen abgießen und mit dem doppelten Volumen an Wasser etwa 30 Minuten kochen. Abgießen und grob pürieren.

- In einem Mörser die Zutaten für das *Masala* Nr. 1 (siehe unten) zerstoßen. Die Zutaten für das *Masala* Nr. 2 (siehe unten) verrühren. Etwas Wasser zufügen, bis eine sämige Currypaste entsteht.

- Den Backofen auf 180 °C vorheizen.

- Die Hälfte des Ghees in einem Schmortopf zerlassen und die Hühnchenwürfel 5 Minuten von allen Seiten bei mittlerer Hitze anbraten. Auf einem Teller beiseitestellen.

- Das restliche Ghee in den Topf geben. Das erste *Masala* zugeben und 30 Sekunden rühren. Knoblauch und Zwiebeln unterrühren und das zweite *Masala* zugeben. Das Fleisch und 1 Glas Wasser unterrühren. Abdecken und 20 Minuten im Ofen schmoren.

- Geschälte Tomaten, Linsen, Chili, das gesamte Gemüse und Zucker zugeben, verrühren und weitere 20 Minuten im Ofen schmoren, bis das Fleisch zart ist.

- Koriander und Zitronensaft unterrühren. Den Deckel auflegen und weitere 10 Minuten schmoren. Mit Basmatireis servieren.

Masala Nr. 1:

– 1 TL Kreuzkümmelsamen

– 1 Kardamomkapsel

– 5 cm Zimtstange

– ½ TL schwarze Senfkörner

Masala Nr. 2:

– 1 TL Kurkumapulver

– 1 TL Korianderpulver

– 1 TL Kreuzkümmelpulver

– ½ TL gemahlener Cayennepfeffer

Boti *ist ein sehr beliebtes Lammcurry. Anstelle der getrockneten Aprikosen (Jordaloo) können Sie auch getrocknete Datteln oder Feigen verwenden.*

JORDALOO BOTI

Lammcurry mit Aprikosen

FÜR 4 PERSONEN
EINWEICHZEIT: 15 MINUTEN
ZUBEREITUNGSZEIT: 20 MINUTEN
GARZEIT: 1 STUNDE

100 g getrocknete Aprikosen

1 EL Weinessig

2 Tomaten

1 EL Ghee

2 weiße Zwiebeln, geschält und gehackt

2 Knoblauchzehen, geschält und gepresst

1 cm Ingwer, geschält und gerieben

1 EL Zimtpulver

1 TL gemahlener Cayennepfeffer

½ TL Kreuzkümmelpulver

½ TL Kardamompulver

600 g Lammfleisch (Rücken, Schulter oder Keule), in Würfel geschnitten

1 TL *Garam masala* (siehe Seite 9)

1 EL *Jaggery* (Palmzucker) oder Rohrzucker

Salz, Pfeffer aus der Mühle

- Die getrockneten Aprikosen 15 Minuten in einer Schüssel mit 4 Esslöffeln Wasser und dem Essig einweichen.

- Die Tomaten blanchieren, pellen und würfeln.

- Das Ghee in einer Pfanne zerlassen und die Zwiebeln 4 bis 5 Minuten bei mittlerer Hitze darin dünsten. Knoblauch und Ingwer zufügen. Alles gut verrühren und die Gewürze (bis auf das *Garam masala*) zugeben. 2 Minuten anschwitzen.

- Tomaten und Fleisch zugeben und 5 Minuten unter gelegentlichem Rühren anbraten.

- *Garam masala* und Zucker unterrühren. Mit Salz und Pfeffer abschmecken. Abdecken und etwa 45 Minuten schmoren, bis das Fleisch zart ist.

- Die Aprikosen unterrühren und weitere 5 Minuten schmoren. Mit Reis servieren.

Biryani *ist ein Reisgericht mit Gemüse und Gewürzen, das in ganz Indien bekannt ist. Der Reis für ein* Biryani *wird getrennt gekocht. Dies ist der Unterschied zum* Pulao, *bei dem der Reis in der Sauce gegart wird. Jede Region in Indien hat ihr eigenes Rezept. Im Süden sind die meisten* Biryanis *vegetarisch und mit getrockneten Früchten angereichert.*

MURGH BIRYANI

Hühnchen Biryani

FÜR 4 PERSONEN
MARINIERZEIT: 30 MINUTEN
ZUBEREITUNGSZEIT: 30 MINUTEN
GARZEIT: 30 MINUTEN

100 ml Joghurt

100 ml passierte Tomaten

2 Knoblauchzehen, geschält und
   gepresst

1 cm Ingwer, geschält und gerieben

2 TL *Garam masala* (siehe Seite 9)

1 TL Kurkumapulver

1 TL Kreuzkümmelpulver

½ TL Kardamompulver

1 TL Korianderpulver

1 TL gemahlener Cayennepfeffer

200 g Basmatireis

Salz

1 Prise Safran

3 EL Ghee

3 Zwiebeln, geschält und gehackt

4 Hühnchenteile (Brüste, Keulen oder
   Flügel)

50 g Erbsen, dampfgegart

50 g Möhren, gewürfelt und
   dampfgegart

4 Curryblätter

Einige gezupfte Korianderblätter

4 Eier, hartgekocht

- Joghurt, passierte Tomaten, Knoblauch, Ingwer, *Garam masala*, Kurkuma-, Kreuzkümmel-, Kardamom- und Korianderpulver sowie Cayennepfeffer in einem tiefen Teller verrühren. Die Hühnchenteile 30 Minuten in dieser Mischung marinieren.

- Den Reis in einem großen Topf mit reichlich kochendem Salzwasser und dem Safran garen. Er sollte bissfest sein. Abgießen.

- In einer Pfanne 1 Esslöffel Ghee zerlassen und die Zwiebeln darin 4 bis 5 Minuten bei mittlerer Hitze dünsten. Die Hälfte der Zwiebeln herausheben und für den Reis aufbewahren.

- Die Hühnerteile mit 250 ml Wasser in die Pfanne geben. Den Deckel auflegen und 30 Minuten leise köcheln.

- Den Reis in einen Schmortopf geben. Das restliche Ghee und die aufbewahrten Zwiebeln zugeben und untermengen. Erbsen, Möhren und Curryblätter unterrühren. Vorsichtig erhitzen.

- Das Fleisch mit dem gezupften Koriander bestreuen. Mit Reis und den hartgekochten Eiern servieren.

Es war im Jahre 1510, als die Portugiesen an der Westküste Indiens, in Goa, an Land gingen, um den Gewürzhandel unter ihre Kontrolle zu bringen. Nachdem sie den Sultan von Bijapur unterworfen hatten, weiteten sie ihren Einfluss auch auf die benachbarten Regionen von Goa aus. Erst im Jahre 1961 übernahmen indische Truppen die Kontrolle der Stadt Goa, die bis dahin fast fünf Jahrhunderte unter portugiesischer Besatzung gestanden hatte. Sorpotel (oder Sarapotel) ist die indische Adaption des traditionellen portugiesischen Gerichtes Sarabulho, einem Eintopf aus mariniertem Fleisch und Innereien. Es wird dringend empfohlen, das Gericht drei bis vier Tage im Kühlschrank ruhen zu lassen, damit es seine Aromen entfalten kann. Nur Geduld!

SORPOTEL

Schweinecurry mit Geflügelleber

FÜR 4 PERSONEN
MARINIERZEIT: 2 STUNDEN
ZUBEREITUNGSZEIT: 20 MINUTEN
GARZEIT: 1 STUNDE
RUHEZEIT: 3 BIS 4 TAGE

100 ml Rotweinessig

50 ml Balsamico-Essig

100 ml trockener Rotwein

150 g Geflügelleber (oder Schweineleber)

2 EL Ghee (oder Butter)

3 Knoblauchzehen, geschält und gehackt

100 g Zwiebeln, geschält und gehackt

1 cm frischer Ingwer, geschält und gerieben

300 g Schweinefilet, in Würfel geschnitten

1 Schweineohr (optional)

1 grüne Chili, gehackt

1 EL Rohrzucker

1 große Prise Salz

- In einer Schüssel beide Essigsorten, Wein und Geflügelleber vermischen. Ungefähr 2 Stunden marinieren.

- Den Backofen auf 180 °C vorheizen.

- Das Ghee in einem Schmortopf zerlassen und die Gewürze des *Masalas* (siehe unten) etwa 30 Sekunden bei mittlerer Hitze anschwitzen. Knoblauch, Zwiebeln und Ingwer zufügen. Einige Minuten bei schwacher Hitze dünsten, bis die Zwiebeln weich sind.

- Fleisch, marinierte Geflügelleber, Chili und Rohrzucker zugeben. 1 Glas Wasser zugießen und alles gut vermischen.

- Den Schmortopf abdecken und für etwa 20 Minuten in den Ofen schieben. Erneut 1 Glas Wasser zugießen und umrühren. Weitere 40 Minuten braten.

Masala:

– 1 TL Kreuzkümmelsamen

– 1 TL gemahlener Cayennepfeffer

– 2 TL Paprikapulver

– 1 TL Kurkumapulver

– 1 Prise gemahlener schwarzer Pfeffer

Dies ist die goanische Version des Vinha d'alhos, einem portugiesischen Ragout, das in Knoblauch und Wein mariniert wird. Da die Goaner das Originalrezept als etwas fade ansahen, fügten sie noch etwas Chili, Zimt, Kardamom und noch ein paar Knoblauchzehen mehr hinzu.

PORC VINDALOO

Schweinefleisch Vindaloo

FÜR 4 PERSONEN
ZUBEREITUNGSZEIT: 30 MINUTEN
GARZEIT: 25 MINUTEN

2 weiße Zwiebeln
4 Knoblauchzehen
2 getrocknete Vogelaugenchilis
1 TL Koriandersamen
½ TL Kreuzkümmelsamen
½ TL Ingwerpulver
4 kleine Kartoffeln
2 oder 3 EL Pflanzenöl
4 schwarze Pfefferkörner
2 grüne Kardamomkapseln
1 TL Zimtpulver
½ grüne Chili
500 g Schweinefilet, in Würfel
  geschnitten
2 EL Reisessig
2 EL Korianderblätter, gezupft

- Die Zwiebeln schälen und hacken. Den Knoblauch schälen.
- 2 Knoblauchzehen, getrocknete Chilis, Koriandersamen, Kreuzkümmelsamen und Ingwer zu einer glatten Currypaste mixen oder zerstoßen.
- Die Kartoffeln schälen und in kleine Würfel schneiden.
- In einem Schnellkochtopf 2 Esslöffel Öl erhitzen und die Kartoffeln einige Minuten bei mittlerer Hitze von allen Seiten anbraten. Aus dem Topf heben und beiseitestellen.
- Falls nötig, erneut 1 Esslöffel Öl in den Topf geben. Zwiebeln, 1 gepresste Knoblauchzehe, Pfefferkörner, Kardamomkapseln, Zimtpulver und die grüne Chili 3 Minuten bei mittlerer Hitze dünsten. Die Currypaste und das Fleisch zugeben. Den Topf verschließen und 10 Minuten unter Druck kochen.
- Den Topf öffnen, die Kartoffeln und 250 ml Wasser zugeben. Weitere 10 Minuten kochen.
- Den Essig unterrühren und 5 Minuten ohne Deckel kochen.
- Mit Koriander bestreuen und mit Reis oder *Chapati* (siehe Rezept Seite 19) servieren.

Die Portugiesen unternahmen zahlreiche Reisen zwischen Goa und Mosambik, im 16. Jahrhundert ebenfalls eine portugiesische Kolonie. Der Legende nach stammt das Gericht Cafrial aus jener Zeit, und auch in der Bezeichnung steckt das Wort „Kaffer", der Name, den man damals der einheimischen Bevölkerung gab. Sie marinierte ihr Fleisch und garte es vor, bevor sie es in einem Tonofen fertigkochte.

CHICKEN CAFRIAL*

Hühnchen mit grünem Masala

FÜR 6 PERSONEN
MARINIERZEIT: 24 STUNDEN
ZUBEREITUNGSZEIT: 20 MINUTEN
GARZEIT: 20 MINUTEN

1 Hühnchen, zerteilt
2 EL gehackte Cashewnüsse

- Am Vortag alle Zutaten für das grüne *Masala* (siehe unten) zu einer glatten grünen Currypaste mixen.
- Die Hühnerteile auf einen Teller legen und mit dem grünen *Masala* bestreichen. Mit Folie abdecken und 24 Stunden in den Kühlschrank stellen.
- Am nächsten Tag den Backofen auf 180 °C vorheizen.
- Die Hühnerteile in eine Auflaufform geben und mit der Hälfte des *Masala* bestreichen. 10 Minuten im Ofen braten.
- Das restliche *Masala* auf die Hühnerteile geben und weitere 10 Minuten im Ofen braten.
- Die Cashewnüsse in einer trockenen Pfanne rösten. Die fertigen Hühnerteile mit den Nüssen bestreuen und sofort servieren.

Grünes Masala:

– 1 grüne Chili
– 5 Knoblauchzehen, geschält
– 1 Bund Koriander, gehackt
– 1 cm Ingwer, geschält und gerieben
– 50 g Cashewnüsse
– 200 ml Kokosmilch
– 150 ml Zitronensaft
– 1 EL Öl

Dieses Curry kann an Festtagen ebenso mit Langusten zubereitet werden. Es wird mit einem Masala jeerem-meerem – was so viel wie „Kreuzkümmel-Pfeffer" bedeutet – gewürzt und mit pürierten Tomaten und Kokosmilch etwas abgemildert.

BALCHAO

Krabbencurry mit Tomaten

FÜR 4 PERSONEN
ZUBEREITUNGSZEIT: 15 MINUTEN
GARZEIT: 25 MINUTEN

500 g Tomaten
1 weiße Zwiebel
3 Knoblauchzehen
1 grüne Chili
3 cm frischer Ingwer, geschält und gehackt
3 EL Ghee
2 Curryblätter
1 TL Tamarindenpaste
1 EL *Jaggery* (Palmzucker) oder Rohrzucker
200 ml Kokosmilch
800 g rohe Krabben (ohne Schwanz)
1 EL frischer Koriander, gezupft

- Die Tomaten blanchieren, pellen und entkernen. In einen Mixer geben und zu einem feinen Püree verarbeiten.
- Zwiebel und Knoblauch schälen. Mit Chili und Ingwer fein mixen.
- Alle Zutaten des *Masala jeerem-meerem* (siehe unten) vermischen.
- Das Ghee in einem Schmortopf oder einem Wok zerlassen und das *Masala* mit den Curryblättern andünsten. Das Zwiebelpüree und 4 Esslöffel Wasser unterrühren. 5 Minuten bei mittlerer Hitze kochen.
- Die pürierten Tomaten, Tamarindenpaste, Palmzucker und Kokosmilch zugeben. Bei schwacher Hitze 15 Minuten eindicken lassen.
- Die Krabben zugeben und 5 Minuten bei schwacher Hitze kochen.
- Die Mischung mit Koriander bestreuen und sofort mit Basmatireis servieren.

Masala jeerem-meerem:

– 2 TL Kreuzkümmelpulver
– 2 TL gemahlener Cayennepfeffer
– 2 TL gemahlener schwarzer Pfeffer
– 1 TL Kurkumapulver
– ½ TL Zimtpulver

Alles ist eine Frage der Aussprache: Sagen Sie „zak-you-ti" und Sie bezeichnen das wohl bekannteste und beliebteste Rezept in Goa. Sie können es nach Belieben variieren und mit Krabben, Fisch oder Huhn zubereiten.

xacuti

Lamm in Kokosmilch

FÜR 4 PERSONEN
ZUBEREITUNGSZEIT: 30 MINUTEN
GARZEIT: 50 MINUTEN

2 EL Ghee
6 Knoblauchzehen, geschält und
   gepresst
½ Zwiebel, fein gehackt
600 g Lammrücken, in Würfel
   geschnitten
10 frische Minzeblätter, gezupft
1 EL frischer Koriander, gezupft
2 EL *Garam masala* (siehe Seite 9)
400 ml Kokosmilch
Saft von 1 Zitrone
Salz

Für die Marinade
1 EL gemahlene Cashewnüsse
2 kleine Vogelaugenchilis, gehackt
1 EL Tamarindenpaste
1 EL Zucker
½ TL Kurkumapulver
100 ml Kokosmilch

- In einer trockenen Pfanne die Zutaten für das *Masala* (siehe unten) 2 bis 3 Minuten bei mittlerer Hitze rösten. In einem Mixer (oder Mörser) zu feinem Pulver zerstoßen.

- Die Zutaten für die Marinade mit dem *Masala* zu einer glatten Currypaste mixen (etwas Wasser zufügen, falls nötig).

- Den Backofen auf 180 °C vorheizen.

- Das Ghee in einem Schmortopf zerlassen. Die Currypaste zufügen und 30 Sekunden erhitzen. Knoblauch, Zwiebel und anschließend das Fleisch zugeben; 3 Minuten von allen Seiten bei mittlerer Hitze bräunen. Etwas Wasser zugießen und alles gut verrühren. Den Deckel auflegen und 20 Minuten im Ofen braten.

- Minze, Koriander, *Garam masala* und Kokosmilch untermischen und weitere 20 Minuten im Ofen braten.

- Den Zitronensaft unterrühren, eventuell mit etwas Salz abschmecken und weitere 10 Minuten braten.

- Mit Basmatireis servieren.

Masala:

– 3 EL Koriandersamen
– ½ TL Kreuzkümmelsamen
– ½ TL Bockshornkleesamen
– ½ TL schwarzer Pfeffer
– ½ TL Kardamompulver
– ½ TL Gewürznelken

Bebinca *ist ein Dessert portugiesischer Herkunft, das sich in zahlreichen ehemaligen Kolonien wiederfindet. Auf den Philippinen heißt es* Bibingka *– es wird aus Reismehl gebacken und ist vollständig mit geriebener Kokosnuss bedeckt. In Macao kennt man dieses Dessert unter dem Namen* Bebinca de leite. *In Goa wird* Bebinca *zu Festtagen, vor allem an Weihnachten, gebacken. Da die Zubereitung über zwei Stunden beansprucht, kann dieses Dessert eigentlich nur zu außergewöhnlichen Gelegenheiten gebacken werden.*

BeBiNca

Kokoskuchen

FÜR 6 PERSONEN
ZUBEREITUNGSZEIT: 20 MINUTEN
BACKZEIT: 2 STUNDEN 30 MINUTEN

12 Eigelb
400 g Zucker
200 g Mehl
1 Prise Salz
1 Prise Zimt
400 ml Kokosmilch
150 g Ghee oder zerlassene Butter
50 g geriebene Kokosnuss

- Die Eidotter in einer Schüssel schaumig schlagen. Den Zucker zugeben und unterrühren. Mehl, Salz und Zimt unter Schlagen zufügen. Nach und nach die Kokosmilch zugießen, bis eine Art Pfannkuchenteig entsteht.
- Das Ghee in einer Kasserolle zerlassen.
- Den Backofen auf 180 °C vorheizen.
- Den Boden einer Kastenform mit Ghee einfetten. Den Teig etwa 1 cm hoch in die Form gießen.
- Den Teig 20 Minuten backen, bis der Boden goldbraun ist.
- Die Form aus dem Ofen nehmen und die gebackene Schicht mit Ghee bestreichen (etwa 1 Esslöffel Ghee). Den Teig wiederum etwa 1 cm hoch zugießen. Die Form in den Ofen schieben und weitere 20 Minuten backen, bis der Teig goldbraun ist. Diesen Vorgang wiederholen, bis der gesamte Teig aufgebraucht ist (etwa 6 bis 7 Mal).
- Den Kuchen aus dem Ofen nehmen und vollständig auskühlen lassen. Aus der Form heben und mit geriebener Kokosnuss bestreuen.

Dieses Gericht im Bananenblatt ist typisch für die Backwaters von Zentralkerala, wo es häufig mit Süßwasserfischen zubereitet wird. Man kann es in einem Hausboot genießen, während man durch die 900 km langen Kanäle fährt, die sich durch das gesamte Land ziehen.

MEEN POLLICHATHU
Fisch im Bananenblatt

FÜR 4 PERSONEN
MARINIERZEIT: 30 MINUTEN
ZUBEREITUNGSZEIT: 15 MINUTEN
GARZEIT: 30 MINUTEN

1 TL Kurkumapulver
½ TL gemahlener schwarzer Pfeffer
½ TL Salz
4 weiße Fischfilets (ungefähr 150 g pro
   Filet)
1 Tomate
Sonnenblumenöl
1 weiße Zwiebel, gehackt
2 Knoblauchzehen, geschält und
   gehackt
1 cm frischer Ingwer, geschält und
   gerieben
2 Curryblätter
150 ml Kokosmilch

1 großes frisches Bananenblatt in
   4 Rechtecke geschnitten (wenn
   Sie keines bekommen, nehmen Sie
   Alufolie)
Zahnstocher

- Kurkumapulver, Pfeffer und Salz vermischen. Den Fisch mit dieser Mischung bestreuen und 30 Minuten ziehen lassen.
- Die Tomate blanchieren, pellen und in Würfel schneiden.
- 2 Esslöffel Öl in einer Pfanne erhitzen und die Fischfilets von jeder Seite scharf anbraten. Vorsichtig aus der Pfanne heben.
- Zwiebel, Knoblauch, Ingwer, Curryblätter und Tomatenwürfel in die Pfanne geben, verrühren und 8 bis 10 Minuten bei schwacher Hitze köcheln, bis die Mischung schön weich ist. Auf einem Teller beiseitestellen.
- 1 Esslöffel Öl in die Pfanne geben und die Gewürze des *Masala* (siehe unten) anbraten. Die Kokosmilch zugießen. Den Fisch und die Zwiebel-Tomaten-Mischung wieder in die Pfanne geben. Einige Minuten erhitzen und den Herd ausschalten.
- Einen Schuss Öl auf jedes Bananenblatt geben. Je ein Fischfilet auflegen und mit der Sauce übergießen. Die Ränder des Bananenblatts zusammenklappen und das Päckchen mit Zahnstochern fest verschließen.
- Ein *Tawa* oder eine Crêpe-Pfanne bei mittlerer Hitze erwärmen und die Päckchen einige Minuten von jeder Seite bräunen.
- Ein Päckchen auf jeden Teller legen (Ihre Gäste können es selbst öffnen) und sofort mit Reis servieren.

Masala:

– ½ TL gemahlener Cayennepfeffer
– 1 Korianderpulver
– 1 TL Kurkumapulver

Molee (oder Mouli) ist ein typisches Rezept des Staates Karnataka zwischen Goa und Kerala. Es kombiniert die Milde der Kokosmilch mit der Schärfe von Senfkörnern. Vorsicht!

MOLEE

Fischcurry mit scharfer Kokossauce

FÜR 4 PERSONEN
ZUBEREITUNGSZEIT: 15 MINUTEN
GARZEIT: 20 MINUTEN

1 Zwiebel
2 Knoblauchzehen
1 frische rote Chili
2 EL Sonnenblumenöl
½ TL Ingwerpulver
1 TL Kurkumapulver
1 EL Korianderpulver
1 TL Senfkörner
250 ml Kokosmilch
2 EL Zitronensaft
1 EL Mehl
Salz
500 g weißes Fischfilet (Kabeljau,
   Pangasius)

- Die Zwiebel schälen und hacken. Den Knoblauch schälen und pressen. Die Chili hacken.

- Das Öl in einer Pfanne erhitzen. Die Zwiebel zugeben und 5 Minuten bei mittlerer Hitze dünsten. Ingwer, Chili, Kurkuma, Koriander und Senfkörner zufügen. Einige Minuten bei mittlerer Hitze rösten.

- Kokosmilch, Zitronensaft, Mehl und 1 Prise Salz in einer Schüssel zu einem glatten Teig schlagen.

- Die Mischung in die Pfanne gießen und bei schwacher Hitze erwärmen, bis die Sauce etwas eindickt.

- Knoblauch und Fischfilets zufügen. Abdecken und bei schwacher Hitze etwa 20 Minuten leise köcheln. Dabei nicht rühren, damit die Fischfilets nicht zerfallen. Heiß servieren.

Malabar ist der Name einer indischen Küstenregion im Nordwesten von Kerala. Es waren die Römer und Phönizier, die auf ihren Reisen immer wieder hier vorbeikamen, es folgten die Portugiesen und schließlich die Italiener und Spanier. So verwundert es nicht, dass die Küstenstädte von Malabar kosmopolitisch sind und verschiedene Kulturen beherbergen, was sich natürlich auch in der Küche dieser Region mit reichhaltigen Aromen und Mischungen widerspiegelt.

MaLaBaR CURRY...
Krabbencurry mit Mango und Kokos

FÜR 4 PERSONEN
ZUBEREITUNGSZEIT: 20 MINUTEN
GARZEIT: 25 MINUTEN

600 g rohe Krabben (oder 16 Garnelen)
1 TL Kurkumapulver
Salz
2 große grüne Mangos
2 grüne Chilis
1 weiße Zwiebel
3 EL Sonnenblumenöl
4 Curryblätter
2 EL geriebene Kokosnuss
1 EL Bockshornkleesamen
200 ml Kokosmilch

- Kopf und Schwanz der Krabben entfernen. Die Krabben mit Kurkumapulver und Salz bestreuen.
- Die Mangos schälen, den Stein entfernen und das Fruchtfleisch in Streifen schneiden.
- Die Chilis entkernen und hacken. Die Zwiebel schälen und hacken. Chilis und Zwiebeln vermischen.
- In einer Pfanne das Öl erhitzen und die Zwiebel-Chili-Mischung, Curryblätter, geriebene Kokosnuss und 200 ml Wasser zugeben. Auf die Hälfte einkochen.
- Bockshornkleesamen, Krabben und Mangostreifen unterrühren und 5 Minuten kochen.
- Die Kokosmilch zugießen und weitere 4 bis 5 Minuten kochen. Sofort mit Reis servieren.

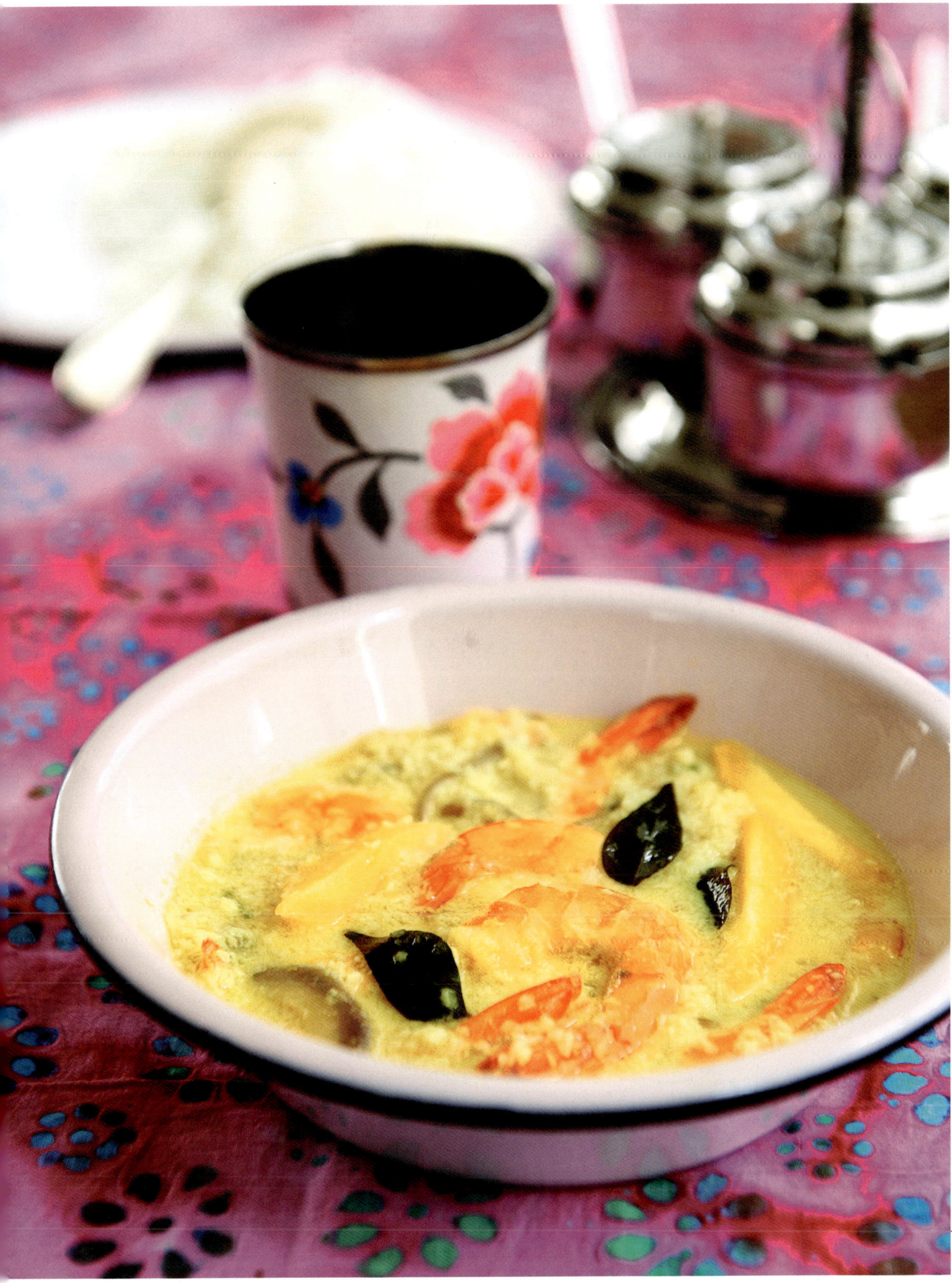

DIE KÜCHE DES OSTENS

VON BENGALEN BIS

TAMIL NADU ÜBER MADRAS

Der Osten Indiens führt uns nach Kalkutta bis an die Grenze zu Bangladesh über den Golf von Bengalen bis nach Tamil Nadu eine mehr als 1000 Kilometer lange Küste entlang. Die Fischrezepte aus Bengalen sind sehr scharf, doch je weiter wir in Richtung Süden ziehen, desto vegetarischer wird die Küche, und feine Gemüsearomen vermischen sich mit gekochten Früchten in Currys oder Salaten.

Panch bedeutet „fünf" auf Hindi, und das Masala panch phoron *ist das bengalische Äquivalent zum chinesischen Fünf-Gewürz-Pulver. Süß-sauer im Geschmack findet es in den meisten Rezepten dieser Region Verwendung.*

BENGALI DAL

Linsensuppe Panch phoron

FÜR 4 PERSONEN
EINWEICHZEIT: 1 NACHT
ZUBEREITUNGSZEIT: 20 MINUTEN
GARZEIT: 25 MINUTEN

300 g Linsen *(Chana dal)*
1 TL Kurkumapulver
1 Prise Salz
2 TL Zucker
3 EL Öl
2 EL *Masala panch phoron* (siehe
   unten)
2 Lorbeerblätter
1 getrocknete Vogelaugenchili, gehackt
20 g Rosinen
20 g getrocknete Mango, fein gehackt
   (oder getrocknete Melone bzw.
   Aprikose)

- Am Vortag die Linsen in 750 ml kaltem Wasser einweichen. Sie müssen sehr weich sein.
- Am nächsten Tag die Linsen (mit dem Einweichwasser) im Mixer grob pürieren. Kurkuma, Salz und Zucker zugeben und erneut mixen.
- Das Öl in einem Bräter erhitzen, das *Masala panch phoron* (siehe unten) zugeben und braten, bis die Mischung trocken ist. Lorbeerblätter, Chili, Rosinen und Mango zugeben. Dann die Linsen unterrühren. 20 Minuten unter Rühren kochen. (Etwas Wasser zugeben, wenn die Mischung zu dick wird.)

Masala panch phoron:

– 1 EL Senfkörner
– 1 EL Schwarzkümmelsamen
– 1 EL Bockshornkleesamen
– 1 EL Kreuzkümmelsamen
– 1 EL Fenchelsamen

Jhaal ist ein Gericht, das man in Indien meist mit Rohu *zubereitet, einem Süßwasserfisch aus der Familie der Karpfen. Er kommt in den frischen Gewässern der bengalischen Flüsse häufig vor. Man kann ihn auch durch Lachs ersetzen.*

JHAAL °°°

Gegrillter Lachs mit Senf

FÜR 4 PERSONEN
ZUBEREITUNGSZEIT: 25 MINUTEN
GARZEIT: 30 MINUTEN

4 Lachssteaks
Salz
2 TL Kurkumapulver
4 Kartoffeln
2 grüne Chilis
1 TL Kreuzkümmelsamen
1 EL Koriandersamen
1 EL Senfkörner
3 EL Senföl (oder Sonnenblumenöl)

- Die Lachssteaks mit Salz und Kurkumapulver bestreuen.
- Die Kartoffeln schälen und in dicke Spalten schneiden.
- Die Chilis entkernen und hacken.
- In einer trockenen Pfanne Kreuzkümmelsamen, Koriandersamen und Senfkörner 2 bis 3 Minuten bei mittlerer Hitze rösten. Die Gewürze in einem Mörser zu Pulver zerstoßen und mit etwas Wasser zu einer Paste verrühren.
- Das Öl in einem Bräter erhitzen und die Lachssteaks 5 Minuten von jeder Seite scharf anbraten. Auf einem Teller beiseitestellen.
- Die Kartoffeln in den Bräter geben und 5 Minuten bei mittlerer Hitze braten. Chilis, Gewürzpaste und 200 ml warmes Wasser zugeben. Alles gut vermischen und 10 Minuten bei schwacher Hitze kochen.
- Die Lachssteaks wieder in den Bräter geben und 5 Minuten mitkochen. Mit Basmatireis servieren.

Dieses Curry ist sehr scharf. Daher würde ich empfehlen, die Menge der Senfkörner und Chilis Ihrem Gaumen anzupassen. Senföl wird in der indischen Küche häufig verwendet. Es gibt den Gerichten ein unvergleichliches Aroma, doch es verstärkt auch die Schärfe des Rezepts. Wenn Sie mögen, können Sie es durch Sonnenblumenöl ersetzen.

BENGALI CURRY
Bengalisches Fischcurry

FÜR 4 PERSONEN
MARINIERZEIT: 30 MINUTEN
ZUBEREITUNGSZEIT: 10 MINUTEN
GARZEIT: 15 MINUTEN

2 EL Zitronensaft

1 TL Kurkumapulver

Salz

4 Kabeljaufilets

2 grüne Chilis

1 weiße Zwiebel

2 EL Senföl (oder Sonnenblumenöl)

1 TL Cayennepfeffer

1 TL Senfkörner

2 EL Korianderpulver

1 Lorbeerblatt

2 cm frischer Ingwer, geschält und
   gehackt

1 TL Senf

- Auf einem flachen Teller Zitronensaft, Kurkumapulver und 1 Prise Salz vermischen. Die Fischfilets in der Mischung wenden und 30 Minuten marinieren.

- Die Chilis entkernen und hacken. Die Zwiebel schälen und ebenfalls hacken.

- Das Öl in einer Pfanne erhitzen und die Fischfilets 5 Minuten von jeder Seite scharf anbraten. Die Filets vorsichtig aus der Pfanne heben und auf einem Teller beiseitestellen.

- Cayennepfeffer, Senfkörner, Korianderpulver, die Chilis und das Lorbeerblatt in die Pfanne geben und 3 Minuten bei mittlerer Hitze unter Rühren rösten.

- Zwiebel, Ingwer und Senf zufügen und unter Rühren mitbraten, bis die Mischung zu trocknen beginnt. 400 ml Wasser zugießen und die Fischfilets in die Pfanne geben. 5 Minuten köcheln. Mit Reis servieren.

Dakshin, was auf Tamil ,,vegetarisch'' bedeutet, ist eine passende Bezeichnung für dieses typische Rezept aus Tamil Nadu: In dem südindischen Bundesstaat wird fast nur vegetarisch gekocht. Dieses Rezept kann mit allen Linsensorten zubereitet werden. Die roten Linsen haben den Vorteil, dass sie am schnellsten gar sind.

Dakshini Salat...
Vegetarischer Salat

FÜR 4 PERSONEN
ZUBEREITUNGSZEIT: 10 MINUTEN
GARZEIT: 10 MINUTEN

Für den Salat

50 g rote Linsen, gekocht

100 g Basmatireis, gekocht

4 Tomaten, in Scheiben geschnitten

100 g frisches Kokosfruchtfleisch

100 g Mischung aus Salatblättern und Blattspinat

2 Knoblauchzehen, geschält und gehackt

50 g Erdnüsse, grob gehackt

Einige Korianderzweige zum Garnieren

Für das Dressing

2 TL Fenchelsamen

¼ TL gemahlener Cayennepfeffer

¼ TL Kurkumapulver

30 ml Weißweinessig

150 ml Olivenöl

Salz

- In einer heißen trockenen Pfanne die Gewürze für das *Masala* (siehe unten) ungefähr 30 Sekunden rösten.
- Alle Zutaten für den Salat (bis auf die Korianderzweige) in einer großen Schüssel vermischen. Das *Masala* untermengen.
- In einer kleinen Schale alle Zutaten für das Dressing kräftig schlagen.
- Das Dressing über den Salat geben und gut untermischen. Mit Korianderblättern garnieren.

Variante

Sie können die roten Linsen durch grüne Linsen und den Reis durch Graupen oder Quinoa ersetzen.

Masala:

– 1 TL Koriandersamen
– ½ TL Kreuzkümmelsamen
– 1 TL Senfkörner

In Tamil Nadu sind die meisten Menschen Vegetarier, und die Gerichte werden auf großen Bananenblättern serviert. Das typische Masala, *das die Gerichte dieser Region würzt, ist das* Sambhar. *Daher stammt auch der Name* Sambhar dal *für das berühmte Linsengericht.*

RasaM
Tamarindensuppe

FÜR 4 PERSONEN
ZUBEREITUNGSZEIT: 15 MINUTEN
EINWEICHEN: 15 MINUTEN
GARZEIT: 30 MINUTEN

80 g gelbe Linsen *(Toor dal)*
20 g Zucker
½ TL Salz
2 EL Erdnussöl
1 TL Senfkörner
2 Knoblauchzehen, geschält und
   gehackt
1 TL Kreuzkümmelsamen
4 Curryblätter
1 TL Tamarindenpaste
1 TL Kurkumapulver
1 TL Cayennepfeffer
1 TL *Masala sambhar* (siehe unten)
Einige Korianderblätter, gezupft

- Die Linsen in 750 ml kaltem Wasser 15 Minuten einweichen.
- Die Linsen mit dem Einweichwasser in eine Kasserolle gießen, aufkochen und etwa 20 Minuten kochen, bis sie weich sind. Abgießen und mit Zucker und Salz zu einem feinen Püree mixen.
- In einer Pfanne des Öl erhitzen und die Senfkörner bei schwacher Hitze rösten. Sobald sie platzen, gehackten Knoblauch, Kreuzkümmelsamen und Curryblätter zufügen. Weitere 2 bis 3 Minuten rösten. Tamarindenpaste, Kurkumapulver, Cayennepfeffer und *Masala sambhar* zugeben. Alles gut vermischen und die pürierten Linsen unterrühren. Einmal aufkochen, dann den Herd ausschalten.
- Die Suppe mit Korianderblättern bestreuen und heiß servieren.

Hinweis: Für ein gehaltvolleres Gericht servieren Sie das *Rasam* mit *Vadas* (siehe Rezept Seite 28).

Masala sambhar:
(Tamilische Gewürzmischung)

– 4 Vogelaugenchilis (oder mehr, je nach Geschmack – die Tamilen verwenden bis zu 12!)
– 1 TL Senfkörner
– 1 TL Fenchelsamen
– 1 TL Kreuzkümmelsamen
– 1 TL Koriandersamen
– 1 TL Kurkumapulver
– 1 TL gemahlener schwarzer Pfeffer

Erst holländische, dann britische Handelsniederlassung, wurde Madras zu Chennai und ist heute die viertgrößte Stadt des Landes. Seine Filmindustrie wurde in Tamil zu Kollywood – angelehnt an Kodambakkam, ein Vorort von Chennai. Und sie wirft Schatten auf Bollywood …

madrasi curry
Gemüsecurry nach Madras-Art

FÜR 4 PERSONEN
ZUBEREITUNGSZEIT: 40 MINUTEN
GARZEIT: 30 MINUTEN

1 oder 2 frische grüne Chilis
8 frische Perlzwiebeln
3 Knoblauchzehen
2 cm frischer Ingwer
1 TL Korianderpulver
1 TL Schwarzkümmelpulver
4 Kartoffeln
2 Möhren
2 grüne Paprika
50 g Bohnen
2 EL Sonnenblumenöl
1 TL Senfkörner
50 g Cashewnüsse, gehackt
1 TL Kurkumapulver
½ TL Cayennepfeffer
150 g Erbsen
Salz
400 ml Kokosmilch
Saft von 1 Zitrone

- Die grünen Chilis entkernen und hacken. Zwiebeln und Knoblauch schälen und ebenfalls hacken. Den Ingwer schälen und reiben. Alles zusammen mit Koriander- und Schwarzkümmelpulver zu einer Gewürzpaste mixen.

- Kartoffeln und Möhren schälen, Paprika grillen und enthäuten. Die Bohnen entstielen. Alle Gemüse bis auf die Erbsen fein würfeln.

- Das Öl in einem Schmortopf erhitzen und die Senfkörner darin rösten. Sobald sie aufplatzen, die Cashewnüsse zugeben. Die Gewürzpaste, Kurkumapulver und Cayennepfeffer unterrühren. Die Mischung 4 bis 5 Minuten unter Rühren bräunen. 1 bis 2 Esslöffel Wasser zugeben, damit sie nicht anbrennt.

- Das gewürfelte Gemüse und die Erbsen unterrühren und mit Salz abschmecken. Die Kokosmilch zugießen. 30 Minuten bei sehr schwacher Hitze köcheln, dabei regelmäßig rühren. Falls nötig, etwas Wasser zugeben. Das Gericht ist fertig, wenn alle Gemüsesorten weich sind und die Kartoffeln sich in der Sauce aufzulösen beginnen.

- Mit Zitronensaft beträufeln und sofort servieren.

DIE GETRÄNKE UND DESSERTS

Die indische Küche besteht nicht nur aus scharfen Rezepten, denn die Inder lieben auch Süßes. Sie sind ganz versessen auf ihre Barfi, Pralinés aus getrockneten Früchten oder Milch, die sie mit einem Lassi oder einem Chai genießen. Lassen auch Sie sich diese süßen Delikatessen nicht entgehen – ob gewürzt, aromatisiert mit Rosenwasser, mit Safran oder Mandelextrakt.

Einen Lassi *trinkt man in der Regel nicht zu den Mahlzeiten. Herzhaft oder süß ist dieses Getränk ein guter Durstlöscher – es beruhigt zudem die Kehle nach einem allzu scharfen Essen!*

Lassi

FÜR 4 PERSONEN
ZUBEREITUNGSZEIT: 5 MINUTEN

1 l fermentierte Milch oder 4 Natur-
   joghurts
250 ml frische Milch
2 Kardamomkapseln, gerieben
4 EL Zucker
Gestampftes Eis
Gehackte Mandeln, geröstet, oder
   andere getrocknete Früchte zum
   Garnieren (optional)

- Alle Zutaten im Mixer schaumig schlagen. Das gestampfte Eis zugeben und im Kühlschrank aufbewahren.
- Mit gerösteten Mandeln garnieren und kalt servieren.

VARIANTEN:

- **Lassi MIT MANGO:** Den Zucker durch 250 ml Mangosaft ersetzen.
- **Lassi MIT ROSENWASSER:** Den Zucker durch 8 Esslöffel Rosenwasser ersetzen.
- **Lassi MIT BANANE:** 2 reife Bananen mit den anderen Zutaten schaumig schlagen.
- **Lassi MIT KOKOSNUSS:** Die Milch durch 250 ml Kokosmilch ersetzen.

Nicht selten sieht man Teeverkäufer in den Straßen Delhis. Sie werden Chai-wallah *genannt und bieten Tee in Gläsern an, der direkt an Ort und Stelle getrunken wird. Der Tee ist gekonnt mit Kardamom, Zimt und Ingwer gewürzt und mit warmer Milch verlängert. In den Straßen des alten Delhi kann man auch ein* Masala chai *probieren, der mit Crème fraîche noch besser schmeckt ...*

masala chai...
Gewürzter Tee

FÜR 6 GROSSE TASSEN TEE
ZUBEREITUNGSZEIT: 5 MINUTEN
GARZEIT: 12 MINUTEN

10 Kardamomkapseln
1 EL frischer Ingwer, geschält und
 gerieben
1 TL Zimtpulver
750 ml Wasser
300 ml Milch
100 g Rohrzucker
12 g schwarzer Ceylon- oder Assam-
 Tee (6 TL)

- Gewürze und Wasser in einer Kasserolle verrühren. Aufkochen und 10 Minuten köcheln.
- Milch und Zucker zugeben. Weitere 2 Minuten kochen.
- Die Kasserolle vom Herd nehmen und den Tee zugeben. 5 Minuten ziehen lassen, dabei 1- oder 2-mal umrühren. Die Mischung durch ein Sieb gießen und servieren.

Diese beiden Getränke sind im Norden Indiens sehr beliebt. Beide werden über den ganzen Tag getrunken. Anardana ist der Hindi-Begriff für Granatapfel. Granatäpfel wachsen an großen gewundenen Ästen, die bis zu fünf Meter lang werden können. Sie gedeihen in Nordindien in großer Anzahl, vor allem an den Ausläufern des Himalaya.

anarDana

Granatapfelgetränk

FÜR 4 PERSONEN
ZUBEREITUNGSZEIT: 3 MINUTEN

400 g Granatapfelsaft
1 große Prise Salz
8 Eiswürfel (oder die gleiche Menge gestampftes Eis)
8 Minzeblätter zum Garnieren

- Granatapfelsaft und Salz verrühren.
- Den Saft in Gläser gießen. Eiswürfel zufügen und mit ganzen Minzeblättern garnieren. Sofort servieren.

aM Ka Ra

Mangogetränk

FÜR 4 PERSONEN
ZUBEREITUNGSZEIT: 5 MINUTEN

300 g reifes Mangofruchtfleisch
200 ml kaltes Wasser
½ TL Tamarindenpaste
1 TL Kreuzkümmelpulver
1 Prise gemahlene Senfkörner
1 Prise gemahlener Cayennepfeffer
1 Prise Salz

Zum Garnieren
Einige frische Mangostücke
Einige Eiswürfel (oder gestampftes Eis)

- Das Mangofruchtfleisch mit den restlichen Zutaten im Mixer pürieren.
- Den Saft in Gläser gießen. Einige Eiswürfel zugeben und mit Mangostücken garnieren. Sofort servieren.

Viele Straßenhändler bieten Kulfi *an. In Hörnchen, Bambus- oder Metallförmchen serviert, gibt es diese Eiscreme in fast allen Formen und mit fast allen Aromen. Dieses* Kulfi *wird mit grob gehackten Pistazien garniert.*

Eiscreme

FÜR 1 LITER EIS (6 PERSONEN)
ZUBEREITUNGSZEIT: 5 MINUTEN
GARZEIT: 1 STUNDE
KÜHLZEIT: 1 NACHT

1 l Milch

75 g Zucker

½ TL Kardamompulver

120 ml geschlagene Sahne

50 g geschälte Pistazien, gehackt

- In einer Kasserolle Milch, Zucker und Kardamom 1 Stunde bei sehr schwacher Hitze köcheln: Die Milch muss auf die Hälfte einkochen und dickflüssig werden. Vollständig abkühlen lassen.
- Die Sahne vorsichtig unter die abgekühlte Milch heben. Die Mischung in 6 Silikonförmchen füllen und ins Tiefkühlfach stellen.
- Die Eiscreme kurz vor dem Servieren aus der Form heben und mit gehackten Pistazien bestreuen.

Das Wort Halwa *geht auf das arabische Wort* Hulw *zurück, was so viel wie „Leckerei" bedeutet. Das* Halwa *mit Möhren ist ein in ganz Indien bekanntes Dessert, aber man findet* Halwa *auch mit Datteln, Kürbis, Wassermelone oder einfach nur mit Grieß.*

GaJJaR HaLWa °°°
Möhrencreme

FÜR 4 PERSONEN
ZUBEREITUNGSZEIT: 15 MINUTEN
GARZEIT: 30 MINUTEN
KÜHLZEIT: 1 STUNDE

400 g Möhren
100 g Ghee
120 ml Milch
150 g Zucker
1 EL Kardamompulver
1 EL Rosenwasser
2 EL gehobelte Mandeln
2 EL gehackte Pistazien

- Die Möhren schälen und grob raspeln. Mit 50 g Ghee in einer Pfanne ungefähr 15 Minuten dünsten, bis sie schön weich sind.
- Das restliche Ghee, Milch, Zucker und Kardamom zufügen. Alles gut verrühren und 15 Minuten zu einer dicklichen Mischung einkochen.
- Das Rosenwasser zufügen und weitere 3 bis 4 Minuten kochen.
- Das *Halwa* etwa 2 cm hoch in eine Auflaufform füllen und mit Pistazien und Mandeln bestreuen. 1 Stunde in den Kühlschrank stellen.
- Die Möhrencreme in Rechtecke schneiden und servieren.

Dieses Gebäck stammt ursprünglich aus Bengalen und wird aus Paneer (siehe Rezept Seite 12) hergestellt, dem Frischkäse, der in ganz Indien bekannt ist. Anschließend werden die köstlichen Kugeln mit Rosenwasser aromatisiert. Gulab jamun *kann man kalt, warm und sogar flambiert servieren!*

GULAB JAMUN

Käsekugeln mit Rosenwasser

FÜR 8 KUGELN
ZUBEREITUNGSZEIT: 20 MINUTEN
GARZEIT: 20 MINUTEN

Für die Kugeln
250 g *Paneer*
3 EL Speisestärke
3 EL Milchpulver

Für den Sirup
300 ml Wasser
900 g Zucker
3 EL Rosenwasser

Öl zum Frittieren

- Zubereitung des Sirups: In einer Kasserolle Wasser und Zucker verrühren und aufkochen. Etwa 15 Minuten köcheln, bis ein dickflüssiger Sirup entstanden ist. Die Kasserolle vom Herd nehmen.

- Den *Paneer* in einer Schüssel zerkrümeln. Mit Milchpulver und Speisestärke verrühren. Die Masse darf weder zu feucht noch zu trocken sein (falls nötig, etwas Wasser zufügen). Aus der Masse 8 golfballgroße Kugeln formen.

- Das Öl in einer Pfanne oder einer Fritteuse auf 190 °C erhitzen und die Kugeln 1 bis 2 Minuten von allen Seiten frittieren. Auf Küchenpapier abtropfen lassen.

- Die frittierten Kugeln in den Sirup geben. 2 Minuten im Sirup köcheln, damit sie sich gut vollsaugen können.

Kheer ist das Äquivalent zu unserem Milchreis, aber eben die indische Version. Das heißt: auf delikate Weise scharf!

KHEER
Cremiger Milchreis

FÜR 4 PERSONEN
ZUBEREITUNGSZEIT: 10 MINUTEN
GARZEIT: 25 MINUTEN

2 oder 3 Safranfäden
100 g Basmatireis
500 ml Milch
3 TL geriebene Kokosnuss
3 TL gemahlene Mandeln
100 g Zucker
1 TL Kardamompulver
50 g Rosinen
1 TL Zimtpulver

- Die Safranfäden in 1 Esslöffel kaltem Wasser einweichen.
- Den Reis mehrfach unter kaltem Wasser ausspülen.
- Die Milch in einer Kasserolle aufkochen. Den Reis zugeben und sorgfältig rühren. Die geriebene Kokosnuss unterrühren. 15 Minuten bei schwacher Hitze kochen, bis der Reis gar ist. Dabei regelmäßig rühren.
- Gemahlene Mandeln, Zucker, Safranwasser und Kardamompulver unterrühren. Etwas Milch zufügen, wenn die Konsistenz zu dick erscheint. Weitere 10 Minuten unter gelegentlichem Rühren kochen.
- Die Rosinen unterrühren, mit Zimtpulver bestreuen und sofort servieren.

Murrukus *sind eine Art indisches Spritzgebäck. Sie werden auf Basis von Reismehl oder Linsen hergestellt. Sobald sie frittiert sind, werden sie mit* Jaggery *(Palmzucker) und manchmal auch mit Cayennepfeffer bestreut.*

MURRUKUS...
Indisches Spritzgebäck

FÜR 6 *MURRUKUS*
ZUBEREITUNGSZEIT: 20 MINUTEN
GARZEIT: 10 MINUTEN

1 TL schwarze Sesamsamen
750 g Reismehl
1 Prise Safran
1 EL zerlassene Butter
250 ml Kokosmilch
½ TL Salz
Öl zum Frittieren
150 g *Jaggery* (Palmzucker)
  oder Rohrzucker
Cayennepfeffer (nach Belieben)

- Die Sesamsamen in einer trockenen Pfanne rösten.
- Das Mehl in eine Schüssel geben. Sesamsamen, Safran, zerlassene Butter, Kokosmilch und Salz zugeben. Alles sorgfältig vermischen. Nach und nach etwas Wasser zugießen, bis ein glatter Teig entsteht.
- Den Teig in eine Spritzform geben und kleine Teigschnecken formen.
- Das Öl auf 190 °C vorheizen. Die *Murrukus* ins Öl geben und 4 bis 5 Minuten frittieren. Auf Küchenpapier abtropfen und abkühlen lassen.
- Die *Murrukus* mit Zucker oder einer Prise Cayennepfeffer bestreuen.

Falooda ist ein sehr erfrischendes Eisdessert. *Es existieren alle möglichen Varianten: mit Vanille, Pistazien, Mango oder Rosenwasser. Eine delikate Mischung:* Falooda *aus Reisnudeln und Tapioka mit Eis … großzügig in überdimensionalen Gläsern serviert.*

FALOODA

Pistazieneis mit Früchten

FÜR 4 PERSONEN
ZUBEREITUNGSZEIT: 20 MINUTEN
GARZEIT: 15 MINUTEN

600 ml Milch
1 EL Rosenwasser
1 EL rote Lebensmittelfarbe
1 EL gelbe Lebensmittelfarbe
50 g Reisnudeln, in kleine Stücke
   gebrochen
1 EL grüne Lebensmittelfarbe
4 EL Tapiokaperlen
4 EL Ananas aus der Dose, fein
   gewürfelt
4 Kugeln Pistazieneis
50 g gehackte Pistazien
Einige frische Trauben

- 300 ml Milch in einer Kasserolle mit Rosenwasser, roter und gelber Lebensmittelfarbe aufkochen. Die Reisnudeln zugeben und 3 Minuten kochen. Vom Herd nehmen und vollständig abkühlen lassen.

- In einer anderen Kasserolle die restliche Milch mit der grünen Lebensmittelfarbe aufkochen. Die Tapiokaperlen zugeben und 7 bis 10 Minuten kochen. Vom Herd nehmen und vollständig abkühlen lassen.

- Die Tapiokaperlen auf 4 große Gläser verteilen (einige Perlen für die Garnierung zurückbehalten). Ananaswürfel, Pistazieneis und Reisnudeln darüber schichten.

- Mit Tapioka-Perlen, gehackten Pistazien und Trauben garnieren. Sofort servieren.

Man nennt sie Barfi, *die kleinen zuckerhaltigen Pralinen, die man am Ende einer Mahlzeit mit einem Tee oder Kaffee oder am Nachmittag genießt. Gern verwenden die Inder Lebensmittelfarbe oder färbende Gewürze, damit ihre* Barfi *auch ansprechend aussehen: Sie können giftgrün oder leuchtend orange sein. Zu besonderen Gelegenheiten werden sie auch mit Blattsilber oder Blattgold belegt.*

BARFi...
Milchpralinés

FÜR 12 *BARFI*
ZUBEREITUNGSZEIT: 15 MINUTEN
GARZEIT: 20 MINUTEN
KÜHLZEIT: 3 STUNDEN

175 g Zucker
500 ml Milch
125 g gemahlene Mandeln
1 EL Rosenwasser
1 Prise Kardamompulver
2 EL Ghee

- Zucker und Milch in einer Kasserolle verrühren. Unter ständigem Rühren aufkochen und 10 Minuten leise köcheln. Vom Herd nehmen und gemahlene Mandeln, Rosenwasser und Kardamompulver unterrühren.

- Die Kasserolle wieder auf den Herd stellen und die Milch weitere 10 Minuten unter Rühren kochen, bis sie eindickt. Das Ghee zufügen und sorgfältig unterrühren.

- Die Mischung in kleine gefettete Förmchen (oder Silikonförmchen) füllen und fest zusammendrücken. Mindestens 3 Stunden im Kühlschrank kalt stellen und dann erst aus der Form nehmen.

VARIANTEN:

- **FARBIGE BARFI:** Die *Barfi* werden noch spektakulärer, wenn Sie sie mit Lebensmittelfarbe (rosa, gelb oder grün) einfärben. Die Farbe vor den Mandeln in die Milch rühren.
- **EDLE BARFI:** Die *Barfi* aus der Form nehmen und mit gehackten Pistazien oder einigen Stücken Blattsilber garnieren.
- **BARFI MIT NÜSSEN:** Die Hälfte der gemahlenen Mandeln durch gemahlene Nüsse ersetzen. Das Rosenwasser weglassen.

COOKING
CHAPATI
रोटी पकाना

FRYING
तलना

CUTTING OF
VEGETABLES

सब्ज़ी काटना

GRINDING

मसाला पीसना

LEXIKON

ROASTING
भूनना

BOILING
उबालना

MEAL
TAKING

भोजन करना

MEALS SERVING

भोजन परसना

Aloo: Kartoffeln

Baigan: Auberginen

Barfi: kleine Pralinés mit Trockenfrüchten oder Milch

Besan: Kichererbsenmehl

Bhaji: Gebäck, vor allem aus Gemüse

Biryani: Reis mit Gewürzen und Gemüse

Chaat: Imbiss, Snack

Chapati oder Roti: Brot ohne Hefe

Dal: Gemüsesuppe oder -püree
(Linsen, Kichererbsen etc.)

Gobhi: Blumenkohl

Jaggery: nicht raffinierter Zucker aus Palmfett. Man
erhält ihn in Blöcken und muss ihn reiben.

Murgh: Hühnchen

Palak: Spinat

Paneer: indischer Frischkäse

Pani: Wasser

Papadam: feiner Blätterteig auf Basis von
Linsenmehl und Kreuzkümmelsamen

Saag: grünes Blattgemüse

Sabzi: Gemüse allgemein

Tandoori: Lehmofen

Thali: verschiedene Saucen und Beilagen in kleinen
Schälchen auf einer Platte serviert

DIE VERSCHIEDENEN LINSENSORTEN

Green dal: grüne Linsen

Toor dal: gelbe Linsen – sie werden auch als Angola-Linsen bezeichnet; sie sind enthülst und gebrochen.

Chana dal: enthülste Kichererbsen; man verwendet sie für viele Dal-Gerichte, aber auch für einige Desserts (dazu werden sie püriert und mit Rosinen, Zucker und Gewürzen gemischt).

Masoor dal: rote Linsen, enthülst; sie sind sehr empfindlich, brauchen aber nur wenig Garzeit.

Moong dal: entstielte und enthülste Mungobohnen

NÜTZLICHE KÜCHENUTENSILIEN

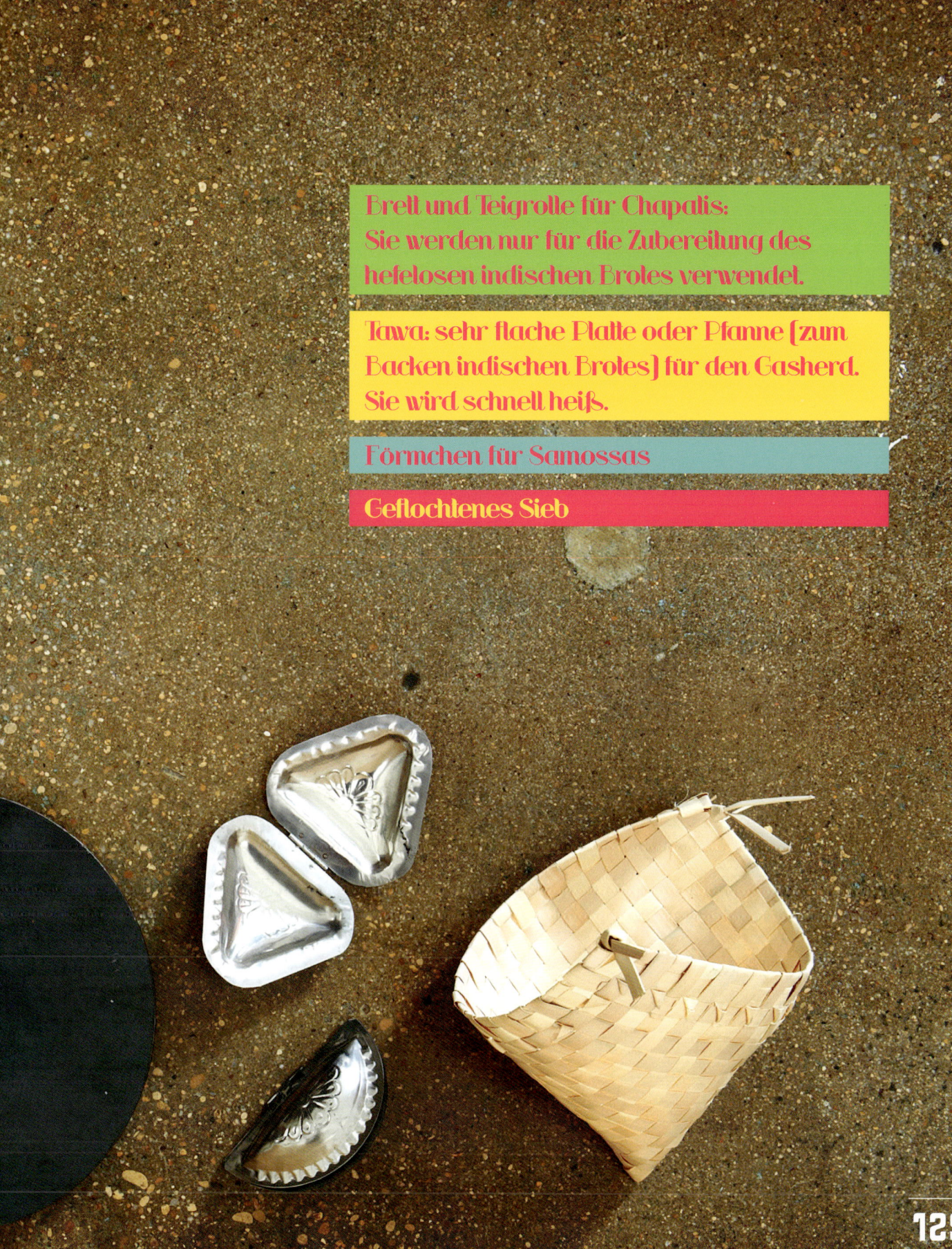

Brett und Teigrolle für Chapatis:
Sie werden nur für die Zubereitung des hefelosen indischen Brotes verwendet.

Tawa: sehr flache Platte oder Pfanne (zum Backen indischen Brotes) für den Gasherd. Sie wird schnell heiß.

Förmchen für Samossas

Geflochtenes Sieb

REGISTER

REGISTER DEUTSCH

ZUTATEN-VERZEICHNIS

Aprikosen
Jordaloo boti   60

Auberginen
Badja   31
Baigan bharta   48
Dhansak   58

Blumenkohl
Aloo gohbi   47
Punari dal   57

Cashewnüsse
Bhel   35
Chicken cafrial   69
Madrasi curry   95
Murgh korma   42
Xacuti   72

Curry
Badja   31

Curryblätter
Balchao   70
Bhel   35
Malabar curry   80
Meen pollichathu   76
Murgh biryani   63
Punari dal   57
Rasam   92

Erbsen
Madrasi curry   95
Murgh biryani   63
Samossas   24

Garam Masala
Aloo gohbi   47
Jordaloo boti   60
Murgh biryani   63
Murgh masala   41
Rogan josh   50
Xacuti   72

Ghee
Aloo gohbi   47
Balchao   70
Bebinca   75
Dhansak   58
Gajjar halwa   107
Jordaloo boti   60
Ladoo   53
Murgh masala   41
Naans   20
Palak paneer   13
Rogan josh   50
Samossas   24
Sorpotel   64
Xacuti   72

Goda Masala
Punari dal   57

Granatäpfel
Anardana   102
Raita mit Granatapfel   16

Gurken
Raita   16

Hühnchen

Chicken cafrial	69
Dhansak	58
Murgh biryani	63
Murgh korma	42
Murgh masala	41
Murgh tandoori	38
Murgh tikka	45

Ingwer

Balchao	70
Bengali curry	89
Chutney	14
Madrasi curry	95
Massala chai	100
Murgh masala	41

Jaggery (Palmzucker)

Balchao	70
Dhansak	58
Jordaloo boti	60
Punari dal	57
Raita mit Granatapfel	16

Kardamom

Gajjar halwa	107
Kheer	110
Ladoo	53
Lassi	99
Masala chai	100
Murgh masala	41
Porc vindaloo	66
Punari dal	57

Kichererbsen

Badja	31
Bonda	27
Dhansak	58
Ladoo	53

Kokosnuss

Balchao	70
Bebinca	75
Bhel	35
Bonda	27
Dakshini salat	90
Kheer	110
Lassi	99
Madrasi curry	95
Malabar curry	80
Meen pollichathu	76
Molee	79
Murrukus	113
Poulet cafrial	69
Punari dal	57
Xacuti	72

Koriander

Chicken cafrial	69
Dakshini salat	90
Dhansak	58
Murgh korma	42
Murgh masala	41
Porc vindaloo	66
Raita mit Granatapfel	16
Rogan josh	50
Vada	28
Xacuti	72

Krabben

Balchao	70
Malabar curry	80

Lachs

Jhaal	86

Lammfleisch

Jordaloo boti	60
Rogan josh	50
Xacuti	72

Linsen

Bonda	27
Vada	28
Dosa	32
Punari dal	57
Dhansak	58
Bengali dal	84
Dakshini salat	90
Rasam	92

Mandeln

Gajjar halwa	107
Kheer	110
Lassi	99
Mango-Chutney	14

Mango

Am ka ra	102
Bengali dal	84
Bhel	35
Mango-Chutney	14
Lassi	99
Malabar curry	80

Masala Jeerem-meerem

Balchao	70

Masala Panch Phoron

Bengali dal	84

Masala Sambhar

Rasam	92

Masala Tandoori

Murgh tandoori	38

Milch

Barfi	116
Falooda	114
Gajjar halwa	107
Gulab jamun	108
Kheer	110
Kulfi	104
Lassi	99
Masala chai	100
Paneer	13

Möhren

Gajjar halwa	107
Madrasi curry	95
Murgh biryani	63

Pistazien

Falooda	114
Gajjar halwa	107
Kulfi	104

EMPFEHLUNGEN

Seiten im Internet

Die offizielle Webseite des indischen Tourismusbüros
(auf Englisch):
http://www.incredibleindia.org

Eine der wohl umfangreichsten Seiten im Internet zur indischen
Küche mit Rezepten, Zutaten, regionalen Besonderheiten sowie
Rezepten für besondere Festlichkeiten (auf Englisch):
http://www.indianfoodforever.com

Buchempfehlung zur indischen Küche

Padmavathi und Beena Paradin: Echt indisch kochen. 60 Rezepte
aus der südindischen Familienküche
Mit dem Schwerpunkt auf der Küche Südindiens beweist die Familie
Paradin, dass man mit der entsprechenden Leidenschaft auch aus
wenigen, einfachen Zutaten raffinierte Gerichte zaubern kann.

MENGENANGABEN

Abkürzungen

TL	Teelöffel
EL	Esslöffel

Flüssigkeiten

metrisches System	amerikanisches System	andere Schreibweise
5 ml	1 Tee- oder Kaffeelöffel	
15 ml	1 Esslöffel	
35 ml	1/8 Tasse	1 oz (oder Unze)
65 ml	1/4 Tasse	2 oz
125 ml	1/2 Tasse	4 oz
250 ml	1 Tasse	8 oz
500 ml	2 Tassen	
1 Liter	4 Tassen	

Gewichtseinheiten

metrisches System	amerikanisches System	andere Schreibweise
30 g	1/8 oz	
55 g	1/8 lbs	2 oz
115 g	1/4 lbs	4 oz
170 g	3/8 lbs	6 oz
225 g	1/2 lbs	8 oz
454 g	1 Pfund	16 oz

Temperatur

Wärme	° Celsius	Thermostat	° Fahrenheit
Gering	70 °C	2–3	150 °F
Mittel	100 °C	3–4	200 °F
	120 °C	4	250 °F
Heiß	150 °C	5	300 °F
	180 °C	6	350 °F
Sehr heiß	200 °C	6–7	400 °F
	230 °C	7–8	450 °F
	260 °C	8–9	500 °F

Danksagungen °°°

Ein überschwänglicher Dank an Sidonie Pain für ihre Hilfe zur Vorbereitung dieses Buches, ihre guten Adressen und ihre Unterstützung bei den Rezepten.

Ein herzlicher Dank auch an die Besitzer der Restaurants Muniyandi Vilas, Krishna Bhavan, Bombay Palace, Saranavaa Bhavan für die Erlaubnis, in ihren Räumlichkeiten fotografieren zu dürfen.

Ein besonderer Dank an die Pariser Boutique Ex & Terra für ihre Hilfe bei der Gestaltung dieses Buches.

Ein herzlicher Dank an Barbara und Adèle von „Mango" für die tatkräftige Unterstützung bei der Realisierung dieses Buches.

Bollycook
© für die deutsche Ausgabe 2014 Tandem Verlag
Alle Rechte vorbehalten

© für die französische Originalausgabe
Bollycook
Mango, Paris 2012

Alle Rechte vorbehalten

Übersetzung aus dem Französischen: Annette Mader
Satz und Produktion: ce redaktionsbüro für digitales publizieren
Gesamtherstellung: Tandem Verlag GmbH, Potsdam

ISBN 978-3-8427-0864-8

10 9 8 7 6 5 4 3 2 1